ENCIENDE TU CORAZÓN

Dirección editorial: Marcela Aguilar
Edición: Ziomara De Bonis Orquera
Coordinación de diseño: Marianela Acuña, Leticia Lepera y Valeria Brudny
Diseño: María Natalia Martínez

Ilustraciones © Aldo Tonelli
Fotografía © Zura Lagarde

© 2021 Cynthia Zak
© 2021 VR Editoras, S. A. de C. V.
www.vreditoras.com

México: Dakota 274, colonia Nápoles
C. P. 03810, alcaldía Benito Juárez, Ciudad de México
Tel.: 5220–6620 • 800–543–4995
e-mail: editoras@vreditoras.com.mx

Argentina: Florida 833, piso 2, oficina 203,
(C1005AAQ), Buenos Aires
Tel.: (54-11) 5352-9444
e-mail: editorial@vreditoras.com

Primera edición: diciembre de 2021

ISBN: 978-987-747-796-2

Impreso en México en Litográfica Ingramex, S. A. de C. V.
Centeno No. 195, Col. Valle del Sur, C. P. 09819
Alcaldía Iztapalapa, Ciudad de México.

77 RITUALES

ENCIENDE TU CORAZÓN

CYNTHIA ZAK

Ilustraciones de Aldo Tonelli

ÍNDICE

Sección II

Sección III

Sección IV

Sección VIII

Sección IX

Sección X

Sección XI

Confío en ti lector y en el espíritu de este libro.

Este libro te ha elegido y por eso quiero
que lo experimentes a tu antojo, que lo vivas
y recorras los rituales cómo los sientas.
Es, al igual que tú, un ser vivo.
Va a evolucionar contigo y cada vez
que vuelvas a sus páginas vas a regresar
a tu corazón encendido y brillante.

Enciende tu corazón

¿Cuál es la temperatura de tu corazón? ¿La sientes? ¿La reconoces? ¿Por qué es indispensable encontrarla?

Quiero invitarte a que respires y te conectes con el ritmo de tu corazón, que sientas su velocidad, variabilidad, latidos, su repercusión en todo tu ser.

Usa este libro como un oráculo que te guíe en tus preguntas más íntimas.

Siente la total libertad de implementar estos rituales a tu favor, van a aumentar tu amor propio, la certeza de tu camino y visión en este mundo. Es importante que puedas identificar tu **latido**: el latido de tu corazón produce una sincronía melódica entre tu respiración, tus emociones y tu cerebro. La inteligencia se despierta desde abajo hacia arriba, desde el corazón hacia el cerebro y así comienzas a vivir en coherencia. Al encontrar tu **pulso** te familiarizas con esto, que vive dentro tuyo y que hasta hoy era ajeno a tu ser. Tu latido despierta la inigualable inteligencia de tu corazón, las 40 mil neuronas que laten en el centro de tu pecho.

Para que el oráculo forme parte de tu vida, puedas identificar tu latido y honres tu poder personal, te sugiero:

- Abre este libro en cualquier página.
- Haz una pregunta para que él te responda.
- Ábrelo con una respuesta y encuentra en él la pregunta renovada.
- Comienza a leerlo de atrás para adelante o por el medio.

- Encuéntrate en él cuando lo mires.
- Inspírate cuando lo encuentres.
- Préstalo, piérdelo… haz que regrese a ti.
- Subráyalo, mánchalo con café.
- Acuérdate de una partecita clave que te conmueva.
- Ensaya un ritual que transforme tu mañana.
- Haz que este libro sea tuyo y de todos.
- Inspírate, crea más rituales y hazlos realidad.
- Recuerda rituales ancestrales o familiares y regrésalos a tu vida.
- Siente la energía de la inspiración.
- Percibe más allá de tus 5 sentidos.
- Encuentra la temperatura ideal de tu corazón, tu sello personal.
- Logra que tu poder interior se expanda al mundo.

Rituales

Estás aquí para celebrar tu impulso de vuelo libre, quitar los velos, cambiar tu narrativa, limpiar el espejo de tu corazón y usar el termómetro interior para darle autoridad a tu intuición. Transforma cada respiración en un ritual de agradecimiento.

Según el diccionario, un ritual es una serie de acciones realizadas principalmente por su valor simbólico. La palabra rito deriva del latín *ritus*. Es importante diferenciar entre un ritual y una acción cotidiana que se repite constantemente. El ritual se basa en una creencia derivada de una religión, una ideología política, una pasión deportiva o inspirada por tradiciones, recuerdos o la memoria histórica de una comunidad, etc.

El ritual tiene un componente mágico: lo que se hace, el lugar y los objetos que se utilizan adquieren una forma de presencia y sustancia que desarma barreras y permite respirar mejor.

Transforma lo obvio y visible en una experiencia llena de sabiduría y amor propio. No hay reglas para los rituales, y la belleza que contienen late como un corazón con inteligencia propia.

Los rituales existen en la absoluta libertad que cada uno tiene para crearlos, recrearlos, hacerlos crecer o transformarlos. Acompañan a los seres humanos desde el comienzo de los tiempos, y también, a los animales, insectos y plantas. El planeta entero y sus ecosistemas se comunican por medio de rituales.

Pueden realizarse con sofisticados materiales o sin nada. Todo puede transformarse en un ritual, cada pisada, en gracias, nuestra respiración, el abrir o cerrar puertas, el simple hecho de limpiar la casa, lavar los platos, cuando nos miramos al espejo o le damos la mano a alguien para saludarlo.

Sobre todo, en los tiempos que vivimos, cuando la incertidumbre se transita con temor y ansiedad, es hora de usar herramientas que nos saquen de las dudas, nos muevan de los miedos, nos ayuden a respirar y a sentir que lo desconocido no es un lugar lleno de fantasmas, sino una oportunidad de libertad.

Recomiendo hacer los rituales desde la intuición y para activarla te invito a que hagas lo siguiente: frota tus manos, activa tus dedos y las huellas digitales, haz la pregunta que desees o necesites resolver y toca con tus manos el corazón. La respuesta que da el corazón es unánime a diferencia de la respuesta que da la cabeza, siempre dual. Una vez que tengas tu respuesta busca tu ritual, ese es el que te corresponde según el momento que estés viviendo.

Practica el ritual 3 veces al día: al levantarte, en el transcurso de la jornada y a la hora de dormir. Dale al menos 3 minutos de práctica durante estos 3 momentos.

El momento es ahora y esta urgencia de transformación, que clama y se siente en todos lados, tiene que ser escuchada, respetada y esculpida con responsabilidad y conciencia.

Afortunadamente, ya nada es igual. Somos protagonistas de horas inéditas para la humanidad y si tienes este libro en tus manos es porque eres parte de la conciencia despierta. Tenemos la responsabilidad de tomar acción, ya no podemos hacernos los indiferentes.

Hoy tenemos la oportunidad de encender los corazones, mantener el fuego vivo y ofrecer una brasa a quien la necesite, sin pensarlo; aprovechar la ocasión de hacer de cada experiencia un ritual poderoso para bajar los niveles de drama y subir los niveles de calma. Con esto cambiamos el mundo, seguimos el corazón y somos pioneros de una nueva forma de vida.

¿Por qué un libro de rituales para encender tu corazón?

Vengo de una familia judía, argentina, atea y de izquierda. Con estos rótulos puedes imaginar que los rituales no eran moneda corriente para mí. No existían de forma real o subjetiva: no se celebraban fiestas religiosas, no había velas ni árboles de Navidad, no se rezaba u oraba, no se bendecía, mucho menos se creía en seres invisibles, en un tiempo fuera del tiempo o en la magia poderosa del momento presente.

Dentro mío había un hueco lleno de preguntas y la clara y absoluta convicción de que el discurso familiar era limitado, para mí eso no tenía fundamentos. No me propuse nadar contra la corriente, pero se dio de manera natural. Porque lo que yo sentía y veía afirmaba totalmente lo opuesto: hay miles de universos inteligentes que nos rodean, la vida es un milagro que algo superior ha tocado, somos más que materia, somos ilimitados.

Lo supe desde muy niña y la lectura fue mi aliada en el camino que comencé a transitar. Los magos Ray Bradbury y Edgar Allan Poe, si nunca los leíste, te los recomiendo, confirmaron mi certeza de que hay un poder que vive dentro de uno, que todos tenemos una misión y un propósito, que podemos estirar la mano y bajar realidades magníficas, invisibles al ojo dudoso y obvias para el ojo creyente.

Tenía 12 o 13 años cuando llegaron a mis manos los libros de Carlos Castaneda, si no los conoces búscalos, apúrate a leerlos, si ya los tienes vuelve a abrirlos, en cada una de sus páginas la verdad te está esperando. Podría decir que ellos cambiaron mi vida, pero fue solo el comienzo, la perfecta plataforma de comprensión intelectual de todo lo que yo sabía instintivamente.

Casi al mismo tiempo, una noche me metí en un cine alternativo a ver una película de la que no tenía ningún dato: *Encuentros con hombres notables*, dirigida por Peter Brooks. Si la viste vuelve a ella, si no la conoces corre a mirarla y observa lo que sientes. Es sobre la vida y búsqueda espiritual del maestro George Ivanovitch Gurdjieff. El film muestra su recorrido por Afganistán hasta llegar a un monasterio sufí derviche en medio de las montañas, donde es entrenado en la espiritualidad para luego ser enviado a enseñar a Occidente. Puedo recordar absolutamente todo de aquel momento: mi ropa, la sala, el olor, la emoción indescriptible, otra vez la certeza y la confirmación de que los maestros y guías están en todas partes cuando llega la hora de encontrarlos.

A partir de entonces, comencé conscientemente a buscar a los practicantes del método de Gurdjieff, a los sufís derviches, a los yoguis, a los lamas budistas, a todos aquellos que pertenecieran a linajes espirituales alejados de charlatanes y cercanos a la fuente.

Estudié periodismo en Córdoba y me fui a vivir a Buenos Aires con mi amiga actriz, la gran Mariana Briski, y luego salté a Madrid, donde terminé radicada por varios años. Allí comencé la práctica cotidiana de yoga guiada por un gran maestro de la tradición Sivananda, Danilo Hernández. Simultáneamente encontré guías de tradiciones nativoamericanas, chamanes que me enseñaron los secretos de mi poder personal, del fuego de mi corazón y del mensaje simbólico de las cartas del tarot.

Aun con todos estos aprendizajes y mi convicción interior, sabía que faltaba mucho por andar. Nos mudamos a Estados Unidos (con Adrián, compañero de estas búsquedas y padre de mis 3 hijos), el punto elegido fue Arizona para entender y experimentar en profundidad los rituales nativos, la fuerza de los dueños de esa tierra, las ceremonias, su cosmovisión y medicinas ancestrales.

La temporada en el desierto fue magnífica; de ahí saltamos a la costa este, al océano Atlántico, a mi amada Miami, para vivir al lado del mar. Aquí estaban esperándome el trabajo y los grupos del señor Gurdjieff, el encuentro con mi maestra sufí que vivía en México, la señora Noor, y la práctica espiritual derviche de la tradición sufí mevlevi, de la mano de mi sheik, Peter Cunz Efendi.

Aprendí a girar como los derviches, a orar como los sufíes, a practicar y dirigir el Zikar (mantras sufíes) y el Sema (ceremonia del giro). Me metí de lleno en el mundo del yoga hasta convertirme en maestra de meditación y yoga con la formación del gran yogui Swami Brahmavidyananda Saraswati, que forma parte de la International Yoga Federation, y encontré a los maestros budistas de la tradición Mahayana (bajo la dirección espiritual del Lama Zopa Rinpoche). Incluso con todos estos conocimientos y mi firme convicción interior, todavía hoy me siento una aprendiz asombrada por la belleza inmensa de estos descubrimientos.

La maternidad ha sido y es una parte fundamental en mi vida. Tengo unos hijos espectaculares: Marlon, Allegra y Satya, que son los que me enseñan en el terreno de los hechos las verdades de estas disciplinas.

A partir de la maternidad, decidí emprender mis propios proyectos para estar disponible para mis hijos y, a la vez, desarrollar todas mis ideas creativas, siempre con la convicción de que lo único que nos transforma es el trabajo para la comunidad, la práctica diaria y constante de los mantras, las meditaciones y el yoga. En 2001, fundé en Florida un periódico de servicio para inmigrantes que aún existe: *El Paracaidista*, soy corresponsal exclusiva en Estados Unidos de

Cadena 3 de Argentina, creo música para *mindfulness* (he estudiado música toda mi vida y he compuesto más de 150 canciones), escribí 3 libros y creé el sistema internacional de *mindfulness* Yomu, que hoy se expande por el mundo.

En cada escenario, frente a cientos de personas o en escuelas rurales, en las zonas más prósperas y en las más vulnerables, los rituales que comparto en este libro me acompañan y protegen, son una brújula para sentir al otro, para entender de dónde vengo y adónde voy, para saber que nada nos separa y que de verdad somos uno.

En todo lo creado, mirado, indagado y explorado, los rituales se convirtieron en rumbo y norte, en guía y sentido. Me dieron y dan estructura a mi práctica y libertad para desplegar las alas. Estos rituales no son míos, yo soy un canal para transmitirlos, son tuyos y de todos. Les pertenecen al grupo, son de este equipo que creamos juntos.

Los vengo practicando desde hace más de 30 años y es hora de ponerlos en palabras para que se expandan al mundo y beneficien a muchos. Son producto de la experiencia personal, de hacerlos con entrega y asombro, con curiosidad y alegría, nacen de la práctica cotidiana y de la constancia para sostener mi visión y mi misión vivas.

Tu oráculo

Deseo que este libro sea un oráculo que te ayude a descubrir tu poder personal, que te enamores de él, que encuentres el latido. Porque cuando aprendes a medir la temperatura de tu corazón, tienes en tus manos una herramienta concreta para salir de los pensamientos rumiantes y regresar al momento presente. Tienes el poder de decidir sobre tu vida, dándote oxígeno fresco con cada respiración. El latido de tu corazón es tu norte y guía, si lo conoces eres imparable porque ese ritmo interno impacta en todo tu organismo, cambia las emociones, te libera y te permite soltar convenciones ancestrales, prejuicios heredados y pensamientos tóxicos que arrastramos desde un tiempo inmemorial.

Vamos a poner al corazón a latir en su ritmo justo, en el tuyo propio, en el de nadie más, y cuando eso ocurra tu poder personal se desplegará sin pudores. Lo hermoso de esto es que no necesitas nada, todo está dentro tuyo y estos rituales van a manifestar tu verdadera esencia. Son prácticas poderosas y simples como observar tu mente, honrar tu nombre, cambiar la narrativa, conectar con los elementos, elegir lo que ingieres a niveles sutiles y físicos, manejar tus espacios de descanso y afinar tu frecuencia vibratoria.

Con el latido y la temperatura justa te enamoras de tu inmenso poder personal, que te guía para sanar, cambiar, crecer, despertar, reconocer tu vulnerabilidad, dones y grandezas, y compartirlos con los demás. Cuando habitas tu poder, el fuego de tu corazón es majestuoso e ilumina otras fogatas, nutre e inspira a quienes te rodean.

Todos estos rituales son respuestas a tus preguntas y al mismo tiempo, te invitan a la acción y la práctica cotidiana para recalibrar y servir, porque es indudable que el momento crítico que vivimos como humanidad amerita que estemos despiertos, conectados y conscientes desde todos nuestros lugares de acción, que no solo comprendamos, sino que actuemos, que seamos inspiradores e inspiración para otros.

Enciende la fogata

Sé que sientes el llamado y todo comienza en tu corazón, ese órgano inteligente y lleno de sabiduría marca el ritmo de tu vida con sus 40 mil neuronas que constituyen un sistema de alta vibración.

Al crear coherencia entre el corazón y el cerebro, vas a comenzar a conectar con la posibilidad de ver más allá, de escuchar en profundidad, de dirigirte livianamente y de disfrutar cada respiración.

Creas coherencia y permites que las nuevas ideas lleguen.

Vas a ser más tú y menos las influencias.

Vas a volver al latido como tu mejor consejero y guía.

Vas a tener conciencia de tu poder personal.

Vas a honrar tus dones y mostrarlos libremente.

Quítate los velos y vuela, cambia tu narrativa, limpia el espejo de tu corazón y usa el termómetro interior para medir su temperatura para que no te incendie, pero que tampoco ardas tibiamente como ceniza.

Mi deseo es que nuestros corazones tengan su llama encendida, vital y agradecida, para que podamos abrir los canales interiores y que el corazón nos guíe.

Siente el latido y sigue el ritmo repitiendo:

Enciendo e inspiro,

inspiro y comparto,

comparto y trasciendo,

trasciendo y despierto,

despierto y transmuto.

Soy el alquimista de mi propio destino.

RITUALES PARA ENAMORARTE DE TU PODER PERSONAL

Ahí, en el medio de tu pecho, late una inteligencia superior, trono de las emociones y centro magnético del amor. Conecta ahora con ella y despierta, reconoce y honra la grandeza de tu ser.

EL CORAZÓN TIENE INTELIGENCIA PROPIA. ES UN ÓRGANO milagroso que nos recuerda constantemente quiénes somos. Es un músculo que late 100 mil veces por día, sus 4 cámaras se abren y cierran con la sincronización de una orquesta impecable. Bombea sangre llena de oxígeno y nutrientes por una red de venas y arterias que suman 97 mil kilómetros de extensión (darían 2 vueltas y media al mundo) y aloja las emociones más elevadas (bondad, alegría, compasión, fe, certeza, confianza, amor).

La maravillosa etimología de la palabra corazón habla de su poder, campo magnético e inteligencia superior. Su origen es del sánscrito *hrid*, que significa "el que salta" (por su actividad dentro del pecho), por eso los hindúes representan el chakra Anahata con un antílope o ciervo. En griego se transformó en *krid*, *kridia*, *kirdia* y *kardias*; y luego, en latín *cor* (centro), la misma raíz de la palabra "coraje". En inglés es *heart* y en alemán *herz*.

Ahí late, en el centro del pecho. Los sufíes afirman que allí, en el centro del pecho justo abajo del cuadrante izquierdo del corazón, reside el alma, si uno aprende a descorrer los velos que lo cubren, la verdad será mostrada a los practicantes de la espiritualidad. En las ceremonias derviches, el sheik camina por una imaginaria línea media, sobre el piso, que representa el corazón y abre su vestidura del lado izquierdo para mostrar simbólicamente la entrega a la práctica mística, el coraje y la valentía para mirar hacia adentro y evolucionar.

Para el judaísmo el corazón es el trono de las emociones y afirma que él ve, habla, llora, ríe, se regocija, vibra. Los libros sagrados dicen que no se puede aprender nada de los caminos interiores sin activar su campo energético e inteligencia.

En el cristianismo, la Biblia hace referencia al corazón como el centro de todo, no solo de la vida espiritual, sino del funcionamiento completo del organismo y del ser. Las devociones y simbologías del Sagrado Corazón de Jesús y de la Virgen María están llenas de información precisa sobre el poder que reside en el centro del pecho, y por eso son venerados desde hace siglos. Para el cristianismo místico, el corazón es el órgano de sabiduría sutil, también llamado el "intelecto trascendental" y considerado el centro de las revelaciones. Recibe información, energía, verdad instantánea e indivisiblemente, mientras que la mente procesa de manera lineal, secuencialmente.

Para el hinduismo, Anahata, el chakra corazón, es el que divide el cuerpo entre los chakras inferiores, de la personalidad, y los superiores, que conectan con la divinidad. Para los hinduistas y los maestros vedas, la energía primordial sutil asciende desde el corazón hacia la mente por un canal, *nadi*, llamado *Atma nadi*. Este alimenta el proceso de pensamiento convirtiendo el corazón en el órgano donde se materializa la divinidad de forma tangible y visible (órgano teofánico).

En el budismo, el corazón es el órgano por excelencia. Está ligado a la inteligencia más sublime, al estado del Buddha interior iluminado que también ilumina a los otros. Estudios hechos a partir de la experiencia de monjes budistas comprobaron que los estados avanzados de meditación calman la mente caótica y crean coherencia entre las ondas cerebrales y el latido del corazón.

En el libro sagrado del islam, el Corán, la palabra corazón está mencionada más de 100 veces. Cuando los antiguos maestros musulmanes hablaban de mente o inteligencia no se señalaban la cabeza, sino el corazón confirmando así, su capacidad de comprender, discernir y creer.

Además, todas las tradiciones indígenas, chamánicas, nativas americanas, las prácticas zen y los pueblos originarios honran, destacan, sientan en un trono sagrado al corazón. Es hora que tú también lo hagas, lo descubras y lo conviertas en fuente y canal de tu poder personal, que cura y transforma el mundo.

Estos son rituales fundamentales para mantener la llama encendida, para activar desde el cuerpo la conciencia, para elegir nuevos rumbos de pensamientos y sentimientos que nos saquen de las culpas y que nos muevan de los miedos.

El ritual tiene
un componente mágico...
una presencia
y una sustancia
que desarma barreras.

1

EL TERMÓMETRO

1 - Toma tu pulso, en la muñeca o en el cuello.

2 - Sigue el ritmo.

3 - Respira con el mismo *tempo* de cada latido.

4 - Mientras sigues tu latido, repite el mantra: **Yo soy un ser divino.**

5 - Registra si hay variaciones en cada latido según tu ritmo respiratorio, si se modifica al inhalar y al exhalar.

6 - Lleva tus manos al centro del pecho, justo en el medio. Recuerda el mantra: **Yo soy un ser divino.**

7 - Cuando sientas que estás listo, puedes soltar las manos y seguir tu latido sin tocar ninguna parte de tu cuerpo.

PARA QUÉ SIRVE Y CUÁNDO USARLO

Este ritual crea tu propio termómetro de temperatura cardíaca. ¿Para qué? Este registro va a servirte de guía para balancear el fuego, para no quemarte en la pasión o perecer en la apatía, para identificar las cerillas, fósforos, encendedores que requieres para activar y prender o, por el contrario, el agua que te hace falta para moderarlo.

Te sirve para encontrar el camino medio, el punto justo. Pero primero debes identificar el latido para crear una relación con tu corazón completamente nueva, como de recién nacido. Cuando puedas escuchar tu latido sin tocarte, vas a recibir los mensajes sutiles que él te envía. Vas a abandonar creencias limitantes, mensajes de tu mente que no son tuyos. Tu cuerpo se llenará de vitalidad y sentirás que no te hace falta nada para encontrar el camino, porque la guía late adentro. Tu corazón es la intersección de todos tus centros, el punto medio de la cruz.

Usa este ritual al menos 3 veces al día. Antes de enfrentar situaciones que sabes que pueden afectarte, también cuando sientas ansiedad o miedos inexplicables. Te tomará solo unos segundos localizar tu pulso, y si logras respirar al mismo tiempo tendrás la batalla ganada.

Repite el mantra: **Yo soy un ser divino**, y mantenlo presente todo el tiempo que puedas.

2

EL TERCER OÍDO

1 - Frota tus manos para crear calor y llévalas a la altura
del corazón. Conecta con el latido y respira. Coloca la
mano izquierda sobre tu corazón y cúbrela con la derecha.

2 - Luego, frota tus manos y llévalas a tus oídos como
si fueran caracoles para escuchar su vibración.

3 - Ahora vuelve a frotar las manos, lleva la derecha al oído
derecho y la izquierda al corazón. Imagina que ese
recorrido abre un canal auditivo.

4 - Haz lo mismo, pero a la inversa: mano izquierda al oído
izquierdo y derecha sobre el corazón.

5 - Frota las manos una vez más, cubre con ellas tus oídos.

6 - Ahora cierra los ojos y baja las manos al corazón para
cerrar el circuito energético.

PARA QUÉ SIRVE Y CUÁNDO USARLO

Los sentidos pueden desarrollarse a niveles sofisticados, ser más precisos y mucho más finos; hay animales e insectos que ven, oyen, huelen y perciben cientos de veces más que nosotros. Para intensificar nuestros sentidos, los seres humanos necesitamos práctica y entrenamiento. Al usar las manos para llevar energía sagrada por los canales sutiles del cuerpo conectamos inmediatamente con el momento presente y entramos al inagotable territorio de conocimiento que vive en nuestro organismo.

Este ritual le brinda un poderoso significado al corazón, aumenta la autoestima y la capacidad del poder interior. Notarás cómo tu escucha se hace más compasiva y comienzas a cultivar el poder del corazón como guía de tus acciones y decisiones.

Este ritual es un aliado para tu escucha consciente. Si tienes alguna duda sobre lo que oyes, podrás abrir los oídos del corazón para tener certezas. De esta manera habrás descubierto tu tercer oído, el que es capaz de escuchar niveles vibracionales superiores, de largo alcance, de alto impacto sanador a nivel celular y del ADN.

Usa el ritual antes de emprender algo nuevo, de tomar decisiones que sientas confusas, cuando no tienes claro lo que te dicen los demás, cuando hay trabas en la comunicación y en el lenguaje. Practícalo seguido para escuchar todo lo que el universo tiene para decirte y que no habías registrado hasta este momento.

3

RECUERDA LA FOGATA

1 - Respira profundo.

2 - Cierra los ojos.

3 - Recuerda la primera memoria que viene a tu mente de un momento, situación o espacio en que sentiste tu corazón encendido.

4 - Registra este recuerdo con el mayor lujo de detalles.

5 - Guárdalo en un espacio cristalino de tu mente, crea una caja de cristal y siente el latido vibrante junto con ese recuerdo.

6 - Abre los ojos y respira.

PARA QUÉ SIRVE Y CUÁNDO USARLO

Vías de comunicación entre el corazón y el cerebro:

1 • A través de impulsos nerviosos.

2 • Entre hormonas y neurotransmisores, lo que se llama comunicación bioquímica.

3 • Las ondas y el ritmo de cada latido ejercen una presión que comunica físicamente.

4 • La interacción de campos electromagnéticos combina impulsos eléctricos con estados anímicos y emocionales, es decir, comunicación energética. Mientras más elevadas sean las emociones más sincronía y coherencia existe entre lo que se siente y lo que se piensa.

Tu corazón crea el campo electromagnético más grande del cuerpo, 60 veces más extenso que las ondas que emite tu cerebro y se extiende 3 metros a tu alrededor, sencillamente puedes hacerlo aún más expansivo si lo mantienes encendido.

El ritmo del corazón es irregular por naturaleza y el intervalo entre los latidos consecutivos cambia constantemente (variabilidad del latido). Esos intervalos se modifican por muchas razones: respiración, ejercicio, pensamientos, pero sobre todo por la situación emocional que estás viviendo.

Emociones que drenan la vibración como rabia, celos, ansiedad, miedo, generan un ritmo errático y caótico, incoherente, con impacto directo sobre la salud, sistema inmunológico, capacidad de responder con resiliencia y amor propio. En síntesis: estas emociones apagan el fuego del corazón y dejan tu hoguera en cenizas muy difíciles de revivir.

Si llamas a emociones de alto nivel vibracional y nutricional como las del amor, alegría, compasión, bondad y altruismo, tu variabilidad de latido se convierte en una ola armoniosa y coherente. Estas emociones generan bienestar, vitalidad, salud y una convicción indestructible de tu misión y visión en esta vida.

Usa el ritual conscientemente varias veces al día para generar esa coherencia en tus variables rítmicas. Ya sabes que esto es directamente proporcional a tus niveles de salud y energía para crear. Llena tu caja de cristal de memorias amorosas y vuelve allí siempre que sientas que tu temperatura cardíaca y emocional está lejos de lo que te hace sentir bien.

RECIBE Y DA, DA Y RECIBE

1 - Extiende tu brazo derecho hacia arriba con el codo ligeramente doblado, la mano abierta hacia arriba, con los dedos flexionados como si sostuvieras una manzana.

2 - El brazo izquierdo se extiende de la misma manera, pero hacia abajo, como si la mano devolviera la manzana a la tierra.

3 - Siente el peso de tus brazos y mantenlos extendidos mientras respiras.

4 - Ahora conecta con tu latido e identifica cuál es su ritmo (observa tus pensamientos sin identificarte con ellos).

5 - Siente cómo la energía fluye al recibir y devolver a la tierra en una perpetua danza circular de dar y recibir, recibir y dar.

6 - Mientras haces foco en tu mano derecha repite el mantra: **Soy uno con el universo.**

7 - Mientras haces foco en tu mano izquierda repite el mantra: **Soy un canal de luz.**

PARA QUÉ SIRVE Y CUÁNDO USARLO

Al abrir los brazos se extienden las líneas de tu corazón hacia afuera, en expansión hacia el universo. El brazo y la mano derecha reciben las energías, influencias, bendiciones, mensajes, la fuerza vital. Este lado del cuerpo representa la zona masculina: de acción, salida y concreción de proyectos. La mano abierta, lista para recibir, es una clara señal de que mereces regalos, triunfar, ser halagado y cuidado. Este gesto físico transmite un mensaje contundente al cerebro para cambiar viejos paradigmas e ideas paralizantes de no merecimiento. De esta forma estás abierto para recibir sin cesar, es tu derecho de nacimiento, llega sin esfuerzo ni sufrimiento, es tu momento de enamorarte de tu poder personal.

El ritual se completa con el gesto del lado izquierdo de devolver, entregar, regresar a la tierra todo lo que recibes. Ha pasado por el eje del corazón y allí todo lo que mereces se transforma en luz. La memoria celular y la inteligencia de tu corazón transmutan todo lo que necesitas, lo guardan en tu sistema y circula hacia el lado izquierdo, que devuelve.

Te quedas con lo que necesitas, con lo justo para tu vida y tu desarrollo interior, y devuelves cumpliendo con el ciclo natural de un ecosistema perfecto.

Tu lado izquierdo, el femenino: lunar, intuitivo, creativo y despierto da de vuelta a la tierra, ella absorbe, acepta y allí comienza el ciclo nuevamente.

Cuando dudes en pedir, cuando tengas inquietudes no expresadas, cuando necesites recordar tu verdadero valor, practica el ritual. Lo puedes hacer en cualquier espacio, lugar y momento, en el instante en que despliegas los brazos y dejas que las fuerzas de recibir y devolver pasen por el tamiz de tu corazón se activa tu valor personal.

EL PODER
DE TU NERVIO VAGO

1 - Siéntate por un instante y respira tranquilamente.

2 - Usa tus dedos índices para identificar el camino de tu nervio vago.

3 - Comienza a trazarlo desde la nuca, en la base de la cabeza, hacia adelante por el cuello, la clavícula, pecho, estómago hasta llegar a la zona del pubis.

4 - Escucha tu latido y registra tus pensamientos y emociones sin identificarte con ellos.

5 - Cuando llegues al extremo inferior, inhala y exhala.

5 - Inhala nuevamente y vuelve a trazar el camino con tus dedos.

5 - Hazlo 3 veces. Mientras recorres el camino de tu nervio vago, repite el mantra: **Tengo el poder de balancear mis emociones, soy el capitán de esta nave.**

PARA QUÉ SIRVE Y CUÁNDO USARLO

Es el nervio craneal más largo que tenemos, su nombre habla justamente de su principal característica: vagar o existir en casi todo el cuerpo, en relación directa con órganos vitales como el corazón, el hígado y los pulmones.

El ritual te invita a que lo descubras en la base de tu nuca y conozcas su recorrido, porque al activarlo vas a poner en marcha una maquinaria perfecta que balancea tu organismo entero, baja los niveles de inflamación, permite que emitas tu voz y tus palabras de la manera justa, te avisa cuando estás saciado ayudándote a comer de manera adecuada y despierta las neuronas y sus conexiones desde la inteligencia de tu estómago hacia el cerebro. Las técnicas de *mindfulness* son valiosos instrumentos para activar tu nervio vago.

Cuando está en equilibrio puedes afrontar cualquier situación física, emocional, mental sin los vaivenes de lo que sucede afuera. Mantienes la calma, tu cuerpo responde armoniosamente, pones freno a enfermedades y tendencias negativas que apagan el fuego de tu corazón.

El nervio vago es uno de los principales encargados de tu sistema parasimpático (junto con el sistema nervioso simpático, forman el sistema nervioso autónomo, que controla las funciones y actos involuntarios), regula nada más ni nada menos que el corazón, los pulmones y la respiración, los músculos del cuello, la voz, la saliva, la deglución, toca hígado, estómago y páncreas hasta llegar a los riñones, todo el laberinto del intestino delgado y parte del colon.

Este nervio también se conoce como "el nervio de la compasión" porque es el encargado de generar la temperatura cálida que sentimos cuando abrazamos, reduce el ritmo cardíaco para entrar en estado pacífico y, además, promueve la generación de oxitocina, la hormona del amor y la confianza.

El ritual activa el nervio vago y lo hace presente en tu vida. Al practicar este ritual todos los días vas a tener a mano la cuerda justa para tocar la melodía de la calma. Solamente, te hace falta sentirlo, reconocerlo y activarlo siempre que puedas.

6

LAS 4 VÁLVULAS

1 - Junta las palmas de tus manos en posición de oración
y ponlas en el centro de tu pecho, presionando levemente
en el punto medio.

2 - Tus dedos pulgares juntos quedan tocando el centro
y apuntan hacia arriba.

3 - Mientras respiras, masajea de forma circular hacia un lado
y hacia el otro, sin despegar los dedos.

4 - Siente tu latido y de qué manera se transforma con la
presión y el masaje.

5 - Visualiza tu corazón y sus 4 válvulas, que se abren y
cierran dejando pasar la sangre.

6 - Mientras continúas con el masaje y la visualización,
repite estas palabras: **En perfecto orden mi sangre fluye.
En consonancia perfecta mis células vibran. Vivo en
salud y abundancia.**

PARA QUÉ SIRVE Y CUÁNDO USARLO

La anatomía de tu corazón es algo milagroso, perfecto y ahí se asienta la posibilidad de conectar directamente con el poder personal que late en cada paso de sangre, oxígeno y nutrientes. El corazón tiene 4 válvulas, portales divinos que además de sus funciones vitales tienen un profundo significado místico y simbólico. Si los activas con este ritual, van a convertirse en emisarios de códigos mágicos y transformadores.

El latido es una acción de bombeo de 2 fases que solo toma un segundo; en ese instante casi imperceptible la vida pasa, se mueve, circula, se limpia y oxigena para darnos una nueva oportunidad.

El corazón tiene 4 cavidades: 2 aurículas (cavidades superiores) y 2 ventrículos (cavidades inferiores). La sangre pasa a través de una válvula antes de salir de cada cavidad. Las válvulas evitan el retroceso del flujo de sangre. Son aletas (valvas) que actúan como entrada de sangre de una sola vía de un lado del ventrículo, y como salida de sangre de una sola vía del otro lado del ventrículo. Las válvulas normales tienen 3 aletas, excepto la válvula mitral, que tiene 2. Las 4 válvulas del corazón:

• **Válvula tricúspide:** ubicada entre la aurícula derecha y el ventrículo derecho.

• **Válvula pulmonar:** ubicada entre el ventrículo derecho y la arteria pulmonar.

• **Válvula mitral:** ubicada entre la aurícula izquierda y el ventrículo izquierdo.

- **Válvula aórtica:** ubicada entre el ventrículo izquierdo y la aorta.

A medida que el músculo del corazón se contrae y se relaja, las válvulas se abren y cierran, dejando entrar el flujo de sangre a los ventrículos y las aurículas en forma alternada. Cuando el ventrículo izquierdo se relaja, la válvula aórtica se cierra y la válvula mitral se abre. Esto permite que la sangre fluya desde la aurícula izquierda hacia el ventrículo izquierdo. Cuando se contrae la aurícula izquierda, fluye más sangre hacia el ventrículo izquierdo. Cuando se contrae el ventrículo izquierdo nuevamente, la válvula mitral se cierra y la válvula aórtica se abre para que la sangre fluya hacia la aorta. Al entender este funcionamiento orgánico podemos tomar dimensión de lo que sucede en poco más de un segundo cuando el corazón late ininterrumpidamente sin que nosotros siquiera lo registremos.

Practica el ritual de tus 4 válvulas majestuosas; honra el momento del pasaje de sangre y nutrientes que se comunican entre sí, no se superponen, van a su turno. Cada uno cumple su función sin querer ser el otro, con total compasión entienden su rol y están al servicio de la vida.

El ritual te aparta un momento de los pensamientos para mirar con profunda humildad y asombro el perfecto corazón que nos habita. Cuando entendemos estas bendiciones podemos acercarnos más a una posibilidad de vivir con altura, majestuosamente, igual que las válvulas de nuestro corazón.

7

97 MIL KILÓMETROS

1 - Mira y toca tus pies y diles: **Pies, los honro y agradezco.** Los honro para que me lleven por el camino favorable y para que cada pisada mía sea un camino de paz. Que lo que yo pise sea terreno fértil para los que vienen detrás.

2 - Mira y toca tus piernas y diles: **Piernas, las honro por su potencia y decisión de ser mi sostén sin quejas.**

3 - Mira y toca tus manos y brazos y diles: **Los honro** por ser una extensión de mi corazón y manifestar milagros constantemente. Que sean instrumentos de transformación.

4 - Toca tu corazón y dile: **Te saludo y honro, registro tu mensaje en cada latido, guías mi vida y confío en tu inteligencia superior.**

5 - Toca otras partes de tu cuerpo, las puertas de tus sentidos: ojos, boca, oídos, nariz. Hónralos y agradéceles por permitirte percibir el mundo en su totalidad, salir

de los estados ilusorios, comprender el cambio constante que mueve el universo.

6 - Cierra el ritual visualizando los 97 mil kilómetros de venas y arterias que tienes dentro de tu cuerpo. Llena esa inmensa carretera de vida con luz y confianza. Pide luz a tu sangre, luz a tus venas, luz desde adentro hacia afuera.

PARA QUÉ SIRVE Y CUÁNDO USARLO

En el momento que comenzamos a tomar conciencia de lo que sucede dentro nuestro, somos capaces de comprender, honrar y valorar el tiempo en este cuerpo. El miedo a la fragilidad se disuelve cuando apreciamos la magnitud de nuestra grandeza. Es un privilegio habitar nuestra forma humana en este mundo. Es hora de honrarla, agradecerle conscientemente, así elevar la autoestima, el autoconocimiento, y crear una conexión con cada una de sus partes y funciones.

Nuestras redes de venas y arterias podrían dar la vuelta al mundo más de 2 veces, esta información vive en nosotros sin que lo notemos, sin que intervengamos ni opinemos. Tenemos la posibilidad de crear una nueva manera de relacionarnos con lo que corre dentro nuestro, aunque se mueva independientemente.

No solo estamos tocando el cuerpo físico, sino también el emocional y el mental. Muchos niveles de activación se realizan con este ritual que despierta la conciencia de los componentes que nos hacen seres humanos. Nos activamos a nivel celular, renovamos, liberamos y soltamos emociones contenidas, se limpia adentro y afuera simultáneamente. Bendecimos nuestro amor propio nosotros mismos para encender el corazón y activar el poder personal.

Úsalo sobre todo al levantarte y antes de dormir. Que sea tu amuleto, recordatorio de tu magnífico cuerpo y, a la vez, un acto de agradecimiento por estar aquí y ahora. Acude a él cuando sientas excesiva ansiedad, miedos e incertidumbre sobre el futuro. Te ayudará a volver al momento presente y respirar en atención plena.

Tu inmenso
poder personal te guía
para sanar, crecer,
despertar...

RITUALES COTIDIANOS PARA OBSERVAR TU MENTE

La observación de tu mente es lo más poderoso que puedes hacer para tu evolución espiritual. Cuando te conviertes en un testigo desapegado de tus pensamientos, comienza el proceso de ascensión para encontrarte con una energía limpia y sagrada: tu verdadero ser.

CON ENTRENAMIENTO E INTENCIÓN PUEDES CAPTURAR los pensamientos antes de que se desarrollen en toda su extensión y te hagan perder la posibilidad del momento presente. Si logras observar lo que pasa en tu mente con perspectiva tienes un gran camino ganado para reaccionar de manera menos automática. Ver los pensamientos pasar como nubes es una gran técnica, pero también hay algunos rituales que pueden servir muchísimo para mirarlos como un espectador sin identificarte con ellos.

Una de mis grandes maestras budistas, la venerable Robina Courtin, enseña a observar la mente como si fuera un águila. Buscamos algo simbólico para ver los pensamientos, instalar un observador distante que escucha y registra: el observador que observa. *Watch your mind like a hawk*, mira tu mente como si fueras un águila, dice mi maestra constantemente.

La vista del águila es 8 veces más potente que la de los humanos. Puede detectar una hormiga en el suelo desde una altura similar a la de un edificio de 10 pisos, ver luz ultravioleta y encontrar presas camufladas hasta en el agua profunda. Además, tiene un campo visual de 340 grados, mientras el humano es de 180 grados.

¿Cómo lograr que la mirada sobre la mente sea tan eficaz como la de un águila observando, lista para saltar sobre la presa de la negatividad o la queja, e interferir cuando las emociones negativas nos sobrepasan?

¿Cómo convertirnos en observadores de nuestra propia mente con respeto y desapego al mismo tiempo?

¿Cómo ejercitar la mirada del águila sobre nuestra propia mente?

Debemos identificar los hábitos de pensamiento e intervenir antes de que seamos totalmente engullidos por ellos. ¿Podemos atraparlos aunque estén camuflados, atajarlos antes que se desencadene el caos, coordinar la respiración para que el corazón calme y guíe mientras observamos sin juicios?

Estas son preguntas fundamentales para poder coordinar la práctica con el latido del corazón, ya sabes que esta coherencia enciende el fuego, tu temperatura justa y permite acceder de manera directa y sin intermediarios a tu poder personal.

Observar la mente es un entrenamiento que lleva tiempo y dedicación, pero que poco a poco transforma tu vida de manera contundente. Es la hora, es ahora, el momento ha llegado para accionar y comenzar a hacer estos rituales en tu día a día.

8

LA MIRADA DEL ÁGUILA

1 - Cruza los brazos y pon las manos sobre tus hombros.
La derecha en el hombro izquierdo y la izquierda en
el hombro derecho.

2 - Te puedes dar un masaje suave sintiendo el abrazo,
el contacto de los brazos y hombros cuando se estiran.

3 - Ahora, respira profundo y deja las manos en los hombros
durante 2 o 3 respiraciones.

4 - Ahí donde sientes las manos, imagina que hay un águila
en espera, un águila observadora mirando tu mente,
el flujo de tus pensamientos. Ahí, alerta a la posibilidad
de vivir mejor.

5 - Cuando descruces tus brazos, tendrás por unos instantes
la sensación de las manos aún sobre tus hombros. Ahí
está tu atención y donde está tu atención está el águila.

6 - Cada vez que lo necesites cruza tus brazos, imagina
el águila ahí sentada y convoca su esencia para mirar tu
mente.

PARA QUÉ SIRVE Y CUÁNDO USARLO

Este ritual sirve para tomar conciencia de la posibilidad de observar los pensamientos y emociones. ¿Cómo recuerdo que puedo tener un observador sentado en mis hombros, que va a llamar mi atención antes de que emociones o sentimientos me superen y ya no pueda salir de ellos? La mirada del águila se siente primero en el cuerpo. Y para eso hay que hacer contacto, tocarlo. Esa memoria, luego, se instala y automáticamente podrás regresar allí cada vez que lo necesites. Nuestro cerebro recibe la señal de volver al presente y mirar sin juicio lo que sucede en nuestros pensamientos. Al practicarlo ya sabemos que podemos acceder fácilmente a la atención plena.

Un ejemplo concreto del uso cotidiano de este ritual es cuando se siente miedo. Las proyecciones que hace nuestra mente son oscuras o negativas, perdemos la perspectiva y creemos fielmente lo que dicen nuestros pensamientos. Entonces, es la hora de convocar al águila tocando los hombros. Salimos del caos mental para ser el observador que apela a la ecuanimidad para entender lo que de verdad sucede, analiza, desglosa lo que pasa concretamente y pone un lente de visión amplia para no ahogarse en un vaso de agua. Este ritual actúa de manera veloz y es conmovedora su eficacia, por ejemplo, ante el miedo a viajar en avión, a enfermedades desconocidas, al rechazo del grupo, al fracaso, a la soledad o a la opinión de los demás.

BAJA NIVELES DE DRAMA, SUBE NIVELES DE CALMA

1 - Respira y observa tus pensamientos como si fueran una película.

2 - Identifica uno de los pensamientos repetitivos o recurrentes.

3 - Siente dónde vibra ese pensamiento en tu cuerpo.

4 - Repite estas palabras, mientras tu respiración fluye:
Yo tengo el poder de bajar mis niveles de drama y el poder de subir mis niveles de calma.

5 - Practica repetir estas palabras ante cada pensamiento recurrente.

6 - Toca el lugar de tu cuerpo donde sientes que reside tu calma, ese lugar es tu timbre de llamada. Cuando necesites recobrar la calma vuelve ahí y conecta con ese espacio interior.

PARA QUÉ SIRVE Y CUÁNDO USARLO

Tengo el poder de bajar mis niveles de drama y el poder de subir mis niveles de calma, es un mantra poderoso, una fuente inagotable de liberación emocional.

Con este ritual obtienes perspectiva y sobre todo activas tu confianza personal. En todo instante está la posibilidad de un mundo nuevo, de que la rutina se transforme en algo mágico y trascendente. Es un ritual antídoto contra la depresión y los pensamientos recurrentes que no te dejan salir del pasado y vivir el presente. Un solo cambio crea una modificación en los circuitos cerebrales por lo que las cosas se comienzan a vivenciar desde otra perspectiva. No todo es lo que parece, y lo que parece muchas veces, no es real. El uso de la palabra constructora de una nueva realidad sale de lo establecido para abrirse a la confianza de lo impermanente.

El ritual se completa volviendo al cuerpo porque es ahí donde reside la calma, ese es el espacio para volver a ella. Cuando dudes del camino vuelve al cuerpo, la sabiduría de tu templo te guía.

10

UNE TUS ALAS

Tus brazos son alas. El derecho, lleno de conocimiento, sabiduría, estudios, lecturas, cosas por hacer, representa la fuerza masculina, el salir y hacerse ver, la concreción de los proyectos, es aliado de la energía del sol, el occidente, las horas de luz y de productividad. El izquierdo está lleno de compasión, bondad, empatía, pensamientos altruistas, intuición, entraña la maduración de los proyectos, la introspección, la zona femenina, lo que está oculto y es poderoso, aliado con la energía de la luna, el atardecer, las horas de meditación y creatividad, la hora de la siembra.

1 - Abre tus brazos.

2 - Muévelos como alas que expanden todo lo que contienen. Visualiza el sol y la luna, oriente y occidente, sabiduría y compasión. Admira ambas partes.

3 - Lleva tus manos con las palmas juntas al centro del pecho, uniendo los opuestos, integrando lo que a simple vista luce contradictorio: sabiduría y compasión.

4 - Respira en la unidad y siente cómo tus emociones se balancean.

5 - Comienza a abrir tus brazos desde el pecho, mientras inhalas y exhalas creando movilidad en la zona del corazón, que enciende tu fuego de inmediato.

6 - Vuelve a unir las manos repitiendo el movimiento por unos instantes y luego suelta los brazos para terminar el ritual.

PARA QUÉ SIRVE Y CUÁNDO USARLO

Al mover los brazos, abrirlos, soltarlos, y después unir las manos frente a tu pecho, recibes una serie de beneficios físicos y emocionales que potencian este ritual:

- Identificas tensiones en los hombros y brazos, aflojas las cervicales.

- Activas tu espina dorsal, recipiente de tu movilidad y vida, pones a fluir tus líquidos, chakras y nadis sin obstáculos.

- Descubres una respiración más armónica, combinada con los movimientos de brazos, bajas tu ritmo cardíaco, esto permite un mayor balance en tu organismo.

- Activas el timo, que reside en el centro de tu pecho, detrás del esternón, la glándula maestra del sistema inmunológico, productora de linfocitos T, llave usada por maestros espirituales como vía de ascensión directa a otras dimensiones.

- Logras una respiración más armónica. Todos estos movimientos colaboran en cualquier proceso de sanación que estés realizando.

Este ritual tiene un componente poético hermoso al imaginar tus brazos como alas y evocar la posibilidad de unidad que siempre está a nuestro alcance. Cada vez que abrazas a otros o a ti mismo, conectas las 2 alas en armonía y consonancia. Es excelente hacerlo cada vez que necesites recordar tu poder personal, tu inagotable belleza y la bendición de estar vivo. Usa el ritual cuando sientas confusión o no sepas cuál es la mejor decisión ante los desafíos de la vida. Incorpora un mantra al movimiento que te sirva para sellar las emociones vibracionales altas en tu memoria corporal. Repite: **Yo vuelo, yo soy libre.**

FRENA EL SECUESTRO EMOCIONAL

1 - Respira profundamente 3 o 4 veces.

2 - Lleva tu mano derecha a la cabeza (a la coronilla).

3 - LLeva tu mano izquierda al corazón.

4 - Respira con los ojos cerrados 3 o 4 veces.

5 - Repite mentalmente 3 veces: **Soy una fuente de amor constante, estoy seguro, estoy sano, estoy protegido.**

6 - Siente cómo el ritmo cardíaco se suaviza.

7 - Abre los ojos y lleva los dedos índices a ambos lados de tu cabeza masajeando las sienes.

8 - Abre y cierra tu boca aflojando la mandíbula, mientras continúas el masaje.

9 - Lleva tu mano derecha a la frente, la izquierda a la nuca y respira 3 veces.

10- Vuelve a respirar y ahora lleva las manos a la garganta mientras repites el sonido "ha" (ja) y sientes la vibración.

11- Para terminar, une tus manos a la altura del pecho, donde está tu timo, glándula maestra de tu sistema inmunológico.

12- Repite nuevamente: **Soy una fuente de amor constante, estoy seguro, estoy sano, estoy protegido.**

13- Sacude todo tu cuerpo para despojarte de cualquier energía que esté de más.

PARA QUÉ SIRVE Y CUÁNDO USARLO

Cuando sientes miedos, ya sean racionales o irracionales, hay una cascada de impacto cerebral y hormonal que repercute en todo tu cuerpo. Es muy importante comprender de dónde viene y en qué lugar del cerebro se origina. Esto comienza en la amígdala, una estructura situada en la parte interna del lóbulo temporal, dentro de nuestro cerebro. Es parte del sistema límbico.

El miedo puede impactar de 3 maneras: nos paralizamos, huimos o peleamos.

¿Qué haces cuando sientes miedo? ¿De dónde vienen tus temores? ¿Eres consciente de cuánto tiempo del día pasas sumido en pensamientos terroríficos?

El cuerpo no sabe si la amenaza es real o imaginaria. Si en este momento piensas que un león te va a atacar, inmediatamente tu sistema de alerta comienza a reaccionar y el cuerpo se llena de estrés (adrenalina y cortisol), te autosecuestras emocionalmente. El miedo produce cambios inmediatos, el sistema inmunológico se resiente, la salud mental y emocional baja y quedamos presos de estos pensamientos que en un 90 por ciento de los casos son imaginarios.

Este ritual es fundamental para trabajar las emociones que paralizan y nos llenan de pánico, ya que tocan los centros claves del organismo. Tu corazón conectado con la coronilla, las sienes conectadas con la mandíbula, la frente y la nuca uniendo los espacios para liberar angustia, el sonido de apertura que sale de tu garganta desatando los nudos de la ansiedad, las manos juntas a la altura del pecho, y finalmente la oportunidad de sacudir y dejar ir. Cuando se activan estos centros disminuye el cortisol, hormona del estrés, que puede estar activa en el cuerpo hasta 26 horas después de cualquier evento, real o imaginario, que nos altere. Además, el ritual aumenta el nivel de oxitocina, la hormona del amor y de la calma.

12

PLANTA UN JARDÍN
EN TU MENTE

1 - Visualiza tu mente como un jardín que vas a cultivar.

2 - Usa las yemas de los dedos para tocar suavemente toda tu cabeza como si la regaras.

3 - Elige un pensamiento altruista y elevado, puede ser una palabra también.

4 - Respira y riega con los dedos.

5 - Planta, humedece y luego cosecha.

PARA QUÉ SIRVE Y CUÁNDO USARLO

Al utilizar la imagen del jardín, este ritual crea conciencia sobre los pensamientos. Las ideas se ordenan y se discierne mejor sobre cuál tiene prioridad, qué es lo importante. Es un regulador de la ecuanimidad y de la posibilidad de estar presente con menos distracciones.

Es un ritual de poder interior que confirma la conexión entre los pensamientos, las palabras y las acciones. Sella la palabra con la acción y nos recuerda nuestra capacidad de transformar todo desde el ritmo y el latido del corazón. Puedes hacer este ritual varias veces a lo largo del día. Para completarlo es recomendable que anotes las frases o palabras que eliges plantar en tu mente. Puedes sacar de ahí muchas ideas, inspiración e información sobre lo que necesitas para mejorar cualquier situación que estés viviendo.

Cada pensamiento es una semilla que puedes hacer crecer y florecer. Cualquier cosa que plantes crece si es regada por tu atención. Usa el ritual especialmente al comienzo de tu día para establecer la energía que luego se va a manifestar. Y termina la jornada plantando la palabra para que descanse y se multiplique.

En tradiciones espirituales como el budismo, los pensamientos son fundamentales; no solo crean nuestra realidad, sino que cada cosa que pensamos deja una huella en la mente. Para los budistas esto no solo sucede en el lapso de nuestra vida, arrastramos estas semillas a lo largo de innumerables reencarnaciones. Para ellos, todo lo que pensamos produce una acción y una reacción, un karma, y por eso una de las bases de esta práctica es la observación de los pensamientos con una total conciencia de su peso y manifestación. Como afirma el doctor Wayne Dyer: "Tus pensamientos, no el mundo, son los que te causan estrés. Estos pensamientos impiden la alegría y la abundancia e incluyen el no puedo, no me alcanza, no tengo tiempo, no tengo talento, tengo miedos, etc. Puedes cambiar estos pensamientos en cualquier momento, hacer el cambio consciente. Si no sabes por dónde empezar, comienza observando a los bebés, dedícate a mirar bebés".

Tus pensamientos afectan directamente la temperatura de tu corazón; si tienes dudas haz la prueba, observa qué pasa cuando te invaden ideas negativas, de esas que llevas rumiando toda la vida. Tómate el pulso y siente cómo se altera. Prueba lo contrario también, mira qué sucede cuando cultivas pensamientos altruistas y amorosos hacia ti mismo, cuando eliges dedicadamente qué semillas plantar. Tus pensamientos alimentan tu poder personal. Por eso te invito a que practiques este ritual cuando sientas que vas a caer en la trampa del ego, cuando este te hace creer que eres incapaz de brillar, de mostrar tus dones, cuando te atrapa en las viejas redes de las dudas adquiridas y heredadas.

13

TU MOTIVACIÓN

1 - Comienza el ritual haciéndote esta pregunta: ¿Cuál es mi motivación? ¿Qué espero y por qué hago una cosa u otra? ¿Para qué estoy hablando o haciendo esto?

2 - Elige una intención breve, accesible, en tiempo presente que puedas recordar y mantener.

3 - Visualiza algo que quieras lograr en los próximos 15 minutos, puede ser físico, material o interior y espiritual.

4 - Establece una fuerte motivación que tenga componentes positivos.

5 - Sé riguroso con los minutos, usa un reloj que te ayude en la creación de conciencia.

6 - Al finalizar el ritual, reconoce lo logrado, regocíjate por eso que has conseguido.

PARA QUÉ SIRVE Y CUÁNDO USARLO

Este es un ritual poderoso que entrena la mente para estar alerta y presente. Nace de una pregunta clara: ¿Qué me motiva a hacer, decir o actuar de esta manera? ¿Cuál es mi intención? Se puede establecer la motivación al comienzo de la jornada o elegir varias durante el día, que sean concretas, pequeñas. Por ejemplo: "Voy a sonreír a todos los que encuentre hoy en mi camino".

Organiza tu mente y emociones en una misma frecuencia. Ya no haces algo de manera mecánica: lo que quieres lograr tiene trascendencia y peso específico. Además, estimula tu autoestima. Al discriminar la intención de cada cosa puedes ver con total certeza si tus acciones sirven para encender tu corazón o por el contrario apagan el fuego, lo desvanecen. Con el regocijo del cierre tienes el poder de la "misión cumplida" en tus manos y le das perspectiva a cada uno de tus logros. Es un antídoto contra el *multitasking*, ya que deja en claro las prioridades elegidas.

Se puede utilizar en cualquier situación, pero es recomendable que las intenciones puedan lograrse a corto plazo. Es mejor que el ritual sea breve, que se extienda por pocos minutos, si se prolonga se pierde o diluye la intención escogida.

Al regresar y regocijarnos, confirmamos que lo que pedimos y establecimos es correcto y positivo. Recuerda que la regla de oro de este ritual es "menos es más". Por ejemplo, si tu intención es evitar la queja durante todo el día, lo más probable es que no lo puedas cumplir. Si en cambio estableces el propósito de evitar la queja por unos minutos, la meta será más realista y posible de alcanzar.

Puedes observar con compasión y paciencia tus propias tendencias, los estados anímicos que se repiten, los patrones de conducta adquiridos, la pasión por el sufrimiento o el autoboicot de tus anhelos. El ritual desnuda y despoja velos innecesarios, conduciendo tu corazón y tu latido a una liberación creativa y duradera.

PERSPECTIVA, HUMOR
Y HUMILDAD

1 - Visualízate. Mírate desde arriba.

2 - Hazlo con **perspectiva**: toma distancia, da otra mirada, cambia de foco, mira la película completa, cambia tu narrativa, como si tuvieras una cámara y pudieras hacer *zoom out*, alejarte, ver el cuadro más grande. Toca la parte de tu cuerpo donde sientas que vive la perspectiva.

3 - Elige algo que te permita reírte de ti mismo.

4 - Suelta, quítale peso y gravedad a lo que está sucediendo. Siempre tienes opciones, búscalas.

5 - Echa mano al **humor**: puedes soltar, aflojar, reírte de la situación, así le quitas peso y gravedad. Esto te conecta con lo que necesitas para resolver lo que estás viviendo. Toca la parte de tu cuerpo donde sientas que vive tu humor.

6 - Acepta que el momento es perfecto tal cual es.

7 - Abraza la **humildad**: acepta tus limitaciones, reconoce que es bueno pedir ayuda cuando te superan las ideas y necesitas que alguien se acerque y te apoye. Toca la parte de tu cuerpo donde sientas que vive tu humildad.

8 - Crea mentalmente un triángulo con la vibración de las 3 palabras. Visualízate dentro, recibiendo esa calidad de cambio e inspiración en todos tus circuitos.

PARA QUÉ SIRVE Y CUÁNDO USARLO

Este ritual se convierte en la "llave del desapego" para vivir en una atmósfera amorosa con nosotros mismos y con los demás.

Las 3 palabras y lo que ellas traen crean un escudo protector contra la negatividad. Son herramientas poderosas para actuar antes de que los estados anímicos negativos te superen. Empieza a repetirlas, recuérdalas en todo momento y compártelas con tus seres queridos. Constituyen un gran remedio contra la queja y la desidia mental que nos mantienen en estancamiento. Usa las 3 palabras para todo lo que haces, mira lo que te sucede y lo que sientes dentro del triángulo de *perspectiva, humor y humildad*. Métete en él y deja que la vibración de estas palabras te inunde. Puedes usarlas en cualquiera de los ángulos de tu triángulo, las puedes rotar también. Lo importante es que visualices esta pirámide que por su forma atrae la energía de las 3 palabras. Mírate en el medio, sentado, recibiendo esa vibración.

Al colocarte en ese espacio te das cuenta de que muchas cuestiones complicadas se disuelven por el poder que manifiestan estas palabras. Recuerda las 3 partes de tu cuerpo que tocaste, porque allí, dentro tuyo, vibran esas palabras. Acude a esos espacios siempre que lo necesites.

15

DIVINO LÍMITE

1 - Trae a tu mente una situación que sientas que merece un límite.

2 - Elige puntualmente un momento, relación o evento que crees que se escapa de tus manos, que te sobrepasa. Algo que quieres transformar y ponerle un *stop*.

3 - Pon la situación dentro de una burbuja y sostenla entre las manos mientras la analizas.

4 - Desglosa lo que pasa, cuándo, por qué, qué te produce, qué emociones se mueven.

5 - Cámbiale el nombre a la escena, mírala desde otra perspectiva, muévete del rol de siempre.

6 - Dale ahora la estocada final y modifica la narrativa: cuéntate otra historia sobre el mismo tema y ponle otro título.

7 - Sopla la burbuja de tus manos, disuelve la situación y entrégasela al universo. Él se encarga de resolverlo. Estableces así tus límites y disuelves el drama de la situación.

8 - Escribe de puño y letra tu experiencia y sigue practicando este ritual.

PARA QUÉ SIRVE Y CUÁNDO USARLO

Sin límites no hay libertad ni crecimiento. Es hora de parar y poner un *stop* a lo que da vueltas y vueltas, repitiéndose sin cesar dentro de nuestra mente y se traslada a las manifestaciones de la vida cotidiana. Muchas veces nos sentimos como hámsteres corriendo en la rueda sin llegar a ninguna parte, repitiendo, rumiando, especulando y proyectando hacia un lugar en el que quedamos disminuidos, temblequeando, dudando de nuestro poder personal.

Poner límites no es de personas malvadas ni desalmadas ni de seres con corazón de hielo o sin empatía. Poner límites es la puerta de entrada a las decisiones que nacen en un lugar limpio dentro nuestro. Es un entrenamiento contra la corriente: nos educaron para aceptar, callar, no discutir, guardar el nudo en la garganta y seguir. La formación occidental, en gran medida, entrena para no poner límites y tergiversa la cualidad y potencia de este acto interno de liberación. No es necesario gritar, insultar, dar portazos, agredir al otro o a nosotros mismos. Estos límites son un entrenamiento espiritual que todos podemos realizar al practicar el ritual. Mira el problema, analízalo con desapego y aplica un cambio de narrativa, porque si cambias la narrativa cambia todo y puedes ver las cosas desde ángulos nuevos que nunca antes habías percibido. Empieza por cosas sencillas que se repiten muchas veces y dale un giro de 180 grados. Sopla con ganas la burbuja de tu mano, tienes el poder de disolver el drama y activar los límites justos que te mereces.

Habla suave, expresa lo que sientes, transmite tu verdad desde el corazón encendido y descubre el poder que existe en una buena puesta de límites.

RITUALES PARA HONRAR TU NOMBRE

Vuelve a casa, habita tu ser completo desde todos tus centros energéticos. Abraza tu nombre y todas sus historias entrelazadas para potenciar desde ahí el nacimiento de nuevas maneras de pensar y sentir.

EL NOMBRE PROPIO ES UNA VIBRACIÓN PODEROSA QUE es indispensable mirar, sentir, abrazar y comprender. Es la base de nuestro poder personal, enciende o apaga el corazón.

¿Cómo llegan los nombres? ¿Cómo te llamas? ¿Conoces de dónde viene tu nombre? ¿Su origen? ¿Su significado? Comienza ahora mismo a reflexionar y localiza en qué lugar de tu cuerpo repercuten estas cuestiones. Comienza a hacerte estas preguntas, y si antes no habías hecho estas indagaciones, es el momento de hacerlo.

Tu nombre es la llave maestra para encender tu corazón y sobre todo para comprender muchas de las cosas que haces, dices, decides. Movimientos inconscientes, elecciones, dudas, tienen allí su raíz. Ata los cabos de tu propia vida, comenzando con tu nombre.

Tradiciones milenarias y maestros espirituales otorgan nuevos nombres a sus discípulos (la ceremonia del nombre hebreo en los recién nacidos, nombres de la tradición del yoga, del budismo, del sufismo, de nativos americanos), y las personas pueden adoptar ese nombre nuevo, agregarlo al que tienen, o simplemente dejarlo como una vibración llena de significado, aunque no lo usen en su vida cotidiana. En mi camino espiritual, cada uno de mis maestros me puso un nombre:

Malika (la reina) en el sufismo.

Gayatri Devi (la divina madre) en el hinduismo.

Tubten Sagmo (lo bueno de la feminidad) en el budismo.

Esos nombres son pura vibración e indican al practicante aspectos positivos de su energía y de los valores que tiene que desarrollar, trabajar y pulir. A veces he adoptado estos nombres para uso cotidiano y otras, los atesoro como mantras o talismanes que me recuerdan mi misión y visión. Cuando pierdo el norte, recuerdo que esos 3 nombres sagrados viven en mí, y entonces retomo mi tarea interior.

Hay quienes aman sus nombres, los habitan y los gozan; otros prefieren sus sobrenombres o inventan otros que no son los propios. Muchos no saben por qué se llaman como se llaman, otros no pueden decir sus nombres completos o por el contrario heredaron nombres familiares y están felices con eso. Hay quienes deciden cambiar completamente cómo se llaman. Cualquiera sea tu situación, te propongo armar una identidad alrededor de tu nombre. Por eso estos rituales son fundamentales para fomentar el amor propio y el sentido de merecimiento de esa vibración que nos acompaña.

En estos rituales la intención es conectar con su significado, con su origen, el motivo por cual nos los pusieron, y desde allí fluir con esa vibración, para que nombrarnos y escuchar nuestro nombre sea una experiencia de conexión y celebración con nosotros mismos.

16

LAS PREGUNTAS
Y TU NOMBRE

1 - Pregúntate: ¿Cómo te llamas? ¿Cuál es tu nombre?
¿Sabes de dónde viene?

2 - Investiga: ¿Proviene de los abuelos? ¿De alguna tía?
¿O lo inventaron tus padres? ¿Lo heredaste? ¿Qué
significa? Tu nombre es un mundo entero, cómo vibras,
cómo sientes.

3 - Siente: aunque no sepas de dónde viene, eres la
vibración de tu nombre.

4 - Juega: tu nombre tiene una frecuencia, prueba gritarlo
o susurrarlo. Descomponerlo, deshilvanarlo. Decirlo
fuerte, darle mil vueltas. Ponerle mil emociones y
vibraciones. ¿Cómo se escucha cuando te nombran?
¿Cómo se escucha cuando te nombras?

5 - Suelta: puedes brindarlo al viento para que vuelva ya
transformado en tus sentimientos. Cuando lo exploras,

se manifiestan sutiles cambios en tu energía. Tu nombre vibra y así resuena; si lo conoces, tu comprensión general aumenta.

PARA QUÉ SIRVE Y CUÁNDO USARLO

Puedes hacerte una o más de estas preguntas cuando quieras. Escríbelas y anota las respuestas, hay muchas capas o niveles de lectura al hablar de nuestro nombre. Es un ritual poderoso para hacerlo con el que sigue a continuación (soplar el nombre), pero es importante hacer una exploración del origen de tu nombre y el de tu familia.

Si tienes hijos es interesante comprender por qué elegiste los suyos, registrar cómo y cuándo se eligieron y por qué. No es necesario cambiar o modificar nada, es simplemente una tarea de observación y reconocimiento profundo.

Empieza a distinguir el nombre que más repites durante el día, el que menos mencionas, el que más aparece en tus recuerdos y por qué, practica con mucha paciencia esta mirada interior, sin juicio, pero con mucha precisión. Está en tus manos y en tu exploración la oportunidad de despertar.

Estudios recientes sobre los nombres sostienen que estos determinan niveles de ansiedad, decisiones sobre la profesión u ocupación, grupos de amistades, elecciones en la vida, etc. Pero en este libro no me quiero detener en lo que está "predeterminado", sino en lo que puedes hacer para fortalecer tu poder personal y el fuego de tu corazón. Practica este ritual cuando sientas que pierdes la dimensión de tu amor propio, cuando tu identidad se diluye por las tendencias exteriores, por el qué dirán, por lo que piensan los otros o las opiniones ajenas. Usa el ritual cuando dudes de tu capacidad o te sientas minimizado. Calibra la relación con tu nombre y ábrete a todo lo que eso trae a tu vida.

SOPLA TU NOMBRE

1 - Inhala y toma aire.

2 - Al exhalar, baja la cabeza y sopla hacia tu corazón mientras dices mentalmente tu nombre.

3 - Repite tu nombre todo el tiempo que dure la exhalación.

4 - Puedes repetir el ritual 2 o 3 veces.

5 - Como acto simbólico, se puede agregar un pensamiento o deseo en el momento de soplar. Ese soplido enciende la llama del alma, la mantiene encendida y llena de vitalidad, empodera a quien es nombrado, se convierte en un acto de amor hacia nosotros mismos.

6 - Ya sabes cómo usar tu termómetro para medir la temperatura de tu corazón, por lo tanto, durante todo el ritual observa conscientemente la calidad de tus latidos, si hay cambios de ritmo, si todo se mantiene igual. Mide la temperatura de tu corazón.

PARA QUÉ SIRVE Y CUÁNDO USARLO

El aliento contiene la fuerza creadora, llama de vida, manifiesta y convierte lo sutil en realidades. Cuando soplamos compartimos vida y el significado que queremos darle a todas las cosas.

Este ritual se puede hacer en momentos de meditación o incorporarse en espacios cotidianos como un recordatorio de quiénes somos y de nuestro poder personal, que está guardado en las letras y en la vibración de nuestro nombre. Sirve para generar un mayor empoderamiento, refuerzo de la identidad y seguridad interior. Es una herramienta simbólica de presencia para insuflar nueva vida a tu ser. Es un ritual perfecto para realizar rápidamente si necesitas un salvavidas, especialmente cuando te encuentras en círculos viciosos que disminuyen tu poder o en relaciones que te menoscaban. Activa y sopla, dándole un nuevo significado a tu nombre y a tu poder personal. Todos sentirán el cambio sutil, principalmente tú.

- Pide que al pronunciar tu nombre este se convierta en fuerza interior, luz para el mundo, un faro de solidaridad o cualquier otro deseo que quieras que el nombre transmita.

- Sopla tu nombre en silencio para mejorar momentos de duda o miedo.

- Di tu nombre a viva voz para confirmar una intuición o sellar con claridad una decisión.

CANTA TU NOMBRE

1 - Canta 3 veces tu nombre y asóciale una palabra especial.

2 - Elige palabras poderosas, elevadas, emociones como amor, paz, paciencia, libertad, lo que necesites para autoempoderarte.

3 - Establece tu ritual del nombre de una manera amorosa y armoniosa para tu vida.

4 - Puedes también cantar el nombre de tus seres queridos de manera similar.

PARA QUÉ SIRVE Y CUÁNDO USARLO

La pregunta es simple, pero pocas veces nos la hacemos: ¿Cómo suena nuestro nombre? Observemos cuántas veces decimos el nombre de nuestros hijos, de nuestros seres queridos o el de nuestras mascotas, ¿cuántas veces en el día los nombramos? ¿Cuántas veces repetimos nuestro propio nombre?

Cada vez que decimos estos nombres, atraemos una particular vibración y un estado emocional ligado a ella. Es excelente hacerlo al comenzar y al finalizar el día, también en momentos en los que nos asaltan dudas o miedos. Si las circunstancias lo permiten, cántalo a viva voz, si no, hazlo discretamente.

Mira qué comienza a suceder, qué sientes, qué pensamientos te invaden, qué emociones aparecen. Solamente registra, y si te pierdes, vuelve al ritual la mirada del águila (página 54), abrázate fuerte y sigue cantando.

Este es un ritual de aceptación y confianza que refuerza la identidad y la seguridad en nosotros mismos. Es liberador de tensiones y nos permite reírnos de la seriedad con la que tomamos casi todo lo que nos ocurre en la vida. Cuando cantamos nuestro nombre le quitamos solemnidad. Encontramos tantas ideas preconcebidas, pensamientos limitantes sobre nuestra voz: si es linda, afinada, horrorosa, fuera de melodía. Arrastramos todas estas palabras y conceptos culturales, educativos y ancestrales sobre nuestra voz y su sonido. Al cantar el nombre le damos permiso a la garganta a que salga a jugar.

Quitarle solemnidad a nuestro nombre es una tarea de valientes, porque le ponemos humor al mismo tiempo que lo honramos con compasión. Es fundamental a la hora de sellar el pacto invencible con nuestro poder personal. Une este ritual con el de las palabras perspectiva, humor y humildad (ritual 14, página 70), porque combinados tienen la capacidad de transformar tu realidad.

ESCRIBE TU NOMBRE

1 - Escribe tu nombre en puño y letra, en varios papeles.

2 - Observa qué sientes cuando lo escribes, qué memorias y sensaciones físicas te llegan.

3 - Déjalos en diferentes partes de tu casa o de tu lugar de trabajo. (Puedes hacerlo tú mismo o pedirle a otra persona que distribuya los papeles).

4 - Cada vez que te encuentres con uno de los papeles, usa ese espacio para agradecerte el hecho de estar vivo, aquí y ahora. El papel con tu nombre se convierte en ayuda y memoria de tu propio valor, se transforma en ancla para el momento presente.

PARA QUÉ SIRVE Y CUÁNDO USARLO

El nombre impreso, las letras en el papel refuerzan el sentido de ser y estar presente. Nos recuerda de dónde venimos y sirve como proyección hacia dónde vamos. Es casi como vernos al espejo, pero sin imagen. Por otro lado, cada letra tiene un poder vibracional y juntas elevan la vibración de nombrarnos.

El ritual se puede usar en todo momento. Sobre todo, experimentaremos la sorpresa de encontrarnos con nuestro nombre en el lugar menos pensado. También nos invita a la autorreflexión y nos regala el contacto con el momento presente para hacernos autopresentes.

Ya que vas a escribir y encontrar tu nombre, puedes agregar frases amorosas, inventar poemas, jugar con las letras y palabras. El momento de escribir el nombre en el papel es tan importante como el instante en que vas a encontrarlo. Observa tus emociones, tus memorias, la sensación de la mano y el lápiz, el dibujo que aparece en el papel. Recuerda registrar tu latido, la temperatura de tu corazón y cómo esto repercute en tu poder personal. Si sientes negatividad o desconfianza cuando lo escribes, registra qué está sucediendo, en qué momento estás, qué memoria ha llegado a tu mente. Es un juego de observación y descubrimiento permanente que te abrirá canales energéticos que desconocías.

FRENTE AL ESPEJO

1 - Sonríe. Cada vez que veas tu cara frente al espejo, sonríe.

2 - Sonríe a tu reflejo. Saluda a tu imagen y di tu nombre en voz alta con el mayor de los respetos. Estás honrando a tu ser más elevado.

3 - Observa qué sientes cuando detienes la mente y solamente sonríes, repara en cómo resuena tu nombre.

4 - Observa tus sentimientos y emociones.

5 - Elige también una frase o palabras positivas para decirlas en voz alta: qué linda/o eres, te ves hermosa/o, guapa/o, eres belleza pura, te amo, eres mi persona favorita, etc. Recuerda siempre decir esto usando tu nombre propio.

6 - Cada vez que estés frente al espejo repite lo siguiente: **No hay nadie como yo en todo el universo, cada detalle de mi rostro refleja una cualidad divina que vive en mí y cada vez que me miro veo un milagro en movimiento.**

PARA QUÉ SIRVE Y CUÁNDO USARLO

¿Qué ves cuando te ves? Desde la imagen hasta tus emociones, todo se refleja ahí, en el espejo. Antiguamente la gente tenía que agacharse para mirar su cara en el río o en el lago, el agua cumplía la función de espejo, era necesario bajar la cabeza en señal de humildad y respeto. Este simple gesto genera gran impacto en el organismo y en las ideas. Hago la reverencia para verme, solo bajando la cabeza tengo el privilegio de mirarme. Este ritual te invita a recrear ese sentimiento de asombro cada vez que te mires. Ver tu imagen es un gran acto sagrado y así debería seguir siendo, aunque hoy no bajemos la cabeza. Poder observar tu reflejo es una prueba de que estás vivo, respirando, aquí y ahora.

Incorpora el ritual cada vez que te mires al espejo, usa tu nombre y su poder vibracional. No importa si en algún momento te olvidas de hacerlo, podrás retomar el ritual la vez siguiente. También vale la pena hacerlo con las selfies o fotos. En los espejos de la casa puedes poner papelitos con frases, puede ser alguna que te recuerde sonreír. Siempre utiliza tu nombre propio o el apodo con el que te identificas. Poco a poco la experiencia de mirar tu propia cara se transforma radicalmente. Ya no tienes juicio sobre tu aspecto, baja tu nivel de autocrítica, sube el autorrespeto y amor propio. Enséñale también a quienes te rodean a respetarse más y a expresarse cualidades positivas.

Cuando el nombre propio se dice y se escucha, se completa el ritual, se establece un sello de amor y confianza con uno mismo. El desarrollo del amor propio es una experiencia que requiere conciencia y práctica, principalmente porque nos precedieron muchas generaciones que no lo tuvieron en cuenta o incluso lo confundieron con egocentrismo o altanería. La educación tradicional, sobre todo occidental, se funda en esa falsa modestia de ser buenos, discretos, reservados, recatados. En general, son mandatos para las mujeres. A la gran mayoría, a lo largo de la historia se les ha censurado cualquier posibilidad de manifestar su fuerza y su poder personal en expansión. Reconocer las grandezas y los dones propios es una llave maestra para comprender y desarrollar todos los potenciales, es un antídoto contra las frustraciones y los "no puedo", un camino de exploración de facetas desconocidas de nosotros y de los demás.

21

CITA CONTIGO

1 - Escoge un momento del día en el que vas a tener una cita contigo. Cuando lo establezcas, di claramente: **Hago una cita inamovible con (aquí dices tu nombre propio).**

2 - Marca la hora exacta del encuentro y elige la actividad de la cita con precisión.

3 - Programa una alarma para recordarlo.

4 - Aprovecha para hacer algo que te conecte contigo mismo. Puede ser un minuto o todo el tiempo que quieras. Por ejemplo, puedes hacer 3 respiraciones conscientes, cerrar los ojos, escuchar tu canción favorita, lavarte las manos o simplemente moverte.

5 - Usa tu diario de viaje para escribir las experiencias y lo que te sucede al establecer el horario para el encuentro. Antes de comenzar la cita repite esta frase soplando en tu corazón: **Este encuentro con (dices tu nombre propio) es un momento sagrado y lo hago con altura y grandeza. Creo espacios de luz y los habito.**

PARA QUÉ SIRVE Y CUÁNDO USARLO

Generalmente anotamos en agendas o calendarios las citas importantes. No faltamos al médico, a la peluquería o al dentista, y procuramos no llegar tarde. Pedimos citas con anticipación y estamos pendientes de cumplirlas. Si no llegamos a tiempo llamamos para avisar o cancelar el turno, es decir que somos muy cuidadosos con el cumplimiento de estos compromisos.

Pero ¿qué sucede cuando hacemos una cita con nosotros mismos? ¿Concertamos horario fijo y lo escribimos en la agenda?

Lo importante de este ritual es hacerlo a la hora y el momento que lo programemos. Es indispensable utilizar tu nombre cuando crees la reunión, como haces cuando pides un turno médico y te preguntan para quién es.

Decide cumplir al pie de la letra con la actividad y el horario que te has propuesto para el encuentro. Date la oportunidad de observar los trucos que realiza tu mente para cumplir o no cumplir el compromiso. ¿Cuándo se cumple? ¿Cuándo se olvida?

Registra claramente el latido antes, durante y después de tu cita. Sé consciente de tu ritmo cardíaco porque allí está la clave para que los encuentros sean un espacio de poder e iluminación. Practica, sostén tu visión y vuelve a practicar.

RITUALES PARA ENALTECER TU AMOR PROPIO

Llama a tu fuente de conexión con lo sagrado cada vez que dudes
de tu preciosa humanidad. Estás aquí para el goce, la alegría, para
la libertad y la creación. Despierta la ternura infinita por tu ser
y celébrate en todo momento.

EL AMOR PROPIO, QUE ESTÁ TAN DEVALUADO, ESPERA SER reconsiderado. ¿Por quién sino por ti? ¿Quién lo va a rescatar sino tú? ¿Por qué vas a perder la posibilidad de entrar en un espacio amoroso y respetuoso contigo mismo? ¿Qué te detiene? Hazte estas preguntas una y otra vez, como una *checklist* de iluminación interior.

¿De qué depende tu felicidad o bienestar interior? ¿Estás sujeto a lo que dicen, hacen o piensan los demás? ¿Si me dan lo que quiere mi ego estoy contento y tranquilo, y si no recibo exactamente lo que creo que me merezco caigo en desgano, apatía, depresión? ¿Voy de la víctima a la queja, de la queja a la irritación? Es más fácil echar culpas que asumir responsabilidades. Pero esa historia ya se acabó, la película que nos tenía al borde del precipicio bajó el telón. Ahora es tiempo de algo nuevo, de adueñarte de tus decisiones y salir del pozo oscuro para entender tu papel y tu lugar en este mundo.

Los rituales de este capítulo son fundamentales para hallar la entrada principal al poder personal, mantener ese estado de calma y alegría genuina, hacer que no se derrumbe ante la primera vuelta de tuerca del destino o ante una respuesta no esperada según tus expectativas.

La hoguera del bienestar interior queda vibrante con estos rituales. Tu felicidad depende solo de ti. Se trata del amor propio que hay que descubrir y mantener encendido como parte fundamental de la sanación interior.

Así te corres del papel de víctima y entras a las grandes ligas de la responsabilidad propia con todo lo que eso conlleva. Es duro, pero también es lo más hermoso que puedes hacer. Probar esta nueva forma de relacionarte contigo mismo es como abrir finalmente el cofre del tesoro sobre el que estabas sentado, tan cerca tuyo y tan desaprovechado. Lo maravilloso de esto es que siempre se puede comenzar de nuevo y ahora tienes la oportunidad.

En esta sección vas a encontrar rituales para trabajar contigo y otros para que te relaciones con los demás (amigos, desconocidos y enemigos). Estos rituales nos invitan a salir del **yo, yo y yo** para abrirnos a lo que sucede con los otros. Cultivamos el amor propio sembrando la mirada empática hacia los que nos rodean. Soy una fuente de inspiración para mí y para los demás.

HÁBLATE SUAVE

1 - Elige una palabra que te gustaría que otros te digan.

2 - Pronúnciala y dítela en voz alta: **Yo soy...** (le agregas la palabra que has elegido).

3 - Ahora amplía la experiencia con otras palabras y frases amorosas. ¿Qué te dices? ¿Qué palabras utilizas para comunicarte contigo mismo?

4 - Usa tu teléfono para grabar tu voz diciendo estas palabras y frases maravillosas hacia ti. Escucha qué sientes cuando oyes tu propia vibración. Hazlo con amor y cuidado. Evita juzgarte.

5 - Déjate un mensaje maravilloso todos los días y escúchalo todas las veces que puedas.

PARA QUÉ SIRVE Y CUÁNDO USARLO

Este ritual es antídoto y medicina para los traumas de la voz, disfonías, afonías, ronqueras, para todo lo que tiene que ver con inflamaciones en la zona de la laringe. Al igual que todas las áreas de tu cuerpo, los pliegues del aparato fonador, llamados cuerdas vocales, son una maravilla, vibran al pasar el aire, se cierran y abren para que las vocales, consonantes, sonidos y tonos puedan manifestarse. Están profundamente ligados a tu vida espiritual y emocional, son canales sutiles de paso de energía superior por tu organismo. Por eso el uso de palabras, sonidos y tonos amorosos son de alto poder benéfico para nuestra evolución y despertar. Los taoístas recomiendan el uso de los siguientes sonidos: *ja* para el corazón, *jo* para el bazo, *ssssss* para los pulmones, *shi* para el plexo solar, *shu* para el hígado, *fu* para los riñones. Los indican como terapia para la voz y para que todos los órganos internos vibren en el tono adecuado. Tu voz es uno de los instrumentos más milagrosos y delicados que existen, es hora de habitarla, amarla y compartirla con grandeza y sin miedos. Soltar la voz es una oportunidad maravillosa que libera, que permite el descubrimiento de la manera en que hablamos, incluso de nuestro tono de voz, las inflexiones, las tensiones y matices. Al practicar este ritual se aprenden y observan sutilezas del lenguaje adquirido, pero sobre todo se abre la posibilidad de crear un lenguaje nuevo, propio y renovado. Permite focalizar en las palabras y la intención al decirlas. Especialmente al decirnos a nosotros mismos frases bondadosas que amplían nuestra capacidad de amor propio para superar rótulos heredados. El ritual ayuda a salir de la zona de confort o del lugar común de las cosas que decimos casi en piloto automático. Háblate suavemente, con palabras dulces, hermosas, con piropos; enumera todo lo que te gustaría que otros te dijeran. El ritual invita no solamente a expresar, sino a escucharte con otra calidad de atención y a rebatir ideas y juicios adquiridos sobre tu voz, lo que se te permite o no decir, la manera de hablar y los espacios para autohalagarte. Usa las grabaciones como aliadas de tu salud emocional y cuando no te sientas bien, estés deprimido o lleno de ansiedad, escucha los mensajes amorosos que te has dejado. Eres tu mejor aliado, tu voz es tu soporte y amiga, enamórate de tu tono, de tu frecuencia, de tu vibración, del sonido que sale de tus cuerdas vocales. Tu voz es como tus huellas digitales: nadie tiene una igual. Enciende tu corazón con el tono de tu voz y reconquista tu poder personal a partir de palabras amorosas.

LAS 3 PUERTAS

1 - Tócate la frente con la yema de los dedos y di: **yo**. Así despejas las dudas de la mente, como si se cayeran los grandes hielos de un iceberg que no te deja ver el horizonte.

2 - Tocándote suavemente la zona de la garganta con las manos di: **soy**, mientras sientes la vibración que se produce. De este modo despejas los nudos de lo no dicho, de lo que está atorado.

3 - Tocándote el corazón di: **amor**. Siente la vibración que se produce. Impulsa el fuego interior, la conexión con tu pasión y deseo, la posibilidad de concretar proyectos.

4 - Di la secuencia completa: **Yo soy amor**.

PARA QUÉ SIRVE Y CUÁNDO USARLO

A lo largo del libro encontrarás mantras y cada uno de ellos tiene un significado y un propósito para encender tu corazón y transformar tu vida. Trabajan en niveles muy sutiles y poderosos, porque como explica el maestro de kundalini Guru Singh: "Los mantras expelen lo que está estancado en el intelecto, que está lleno de palabras estáticas. Crean nuevos neologismos, súper significados, nuevas relaciones. El propósito de la existencia humana es desarrollar una conciencia que reconozca señales puras dentro del ruido". Por eso este ritual es fundamental para ti, para lo que quieres lograr, lo que quieres alcanzar, pero sobre todo para lo que deseas escuchar y decir más allá del ruido heredado y autoinfligido.

Mente, palabra y corazón deben ir de la mano. Son 3 puertas que abren la grandeza de las personas. Si lo que pienso no está alineado con lo que digo y siento, el desequilibrio es evidente. Si los 3 elementos no están armonizados, una de las puertas permanece cerrada y uno no se siente bien. 3 sonidos se convierten en un ritual que armoniza y conecta, son 3 vibraciones que repercuten directamente a nivel celular, colaborando con el balance de mente, palabra y corazón.

Este ritual de las 3 puertas es maravilloso cuando enfrentamos situaciones que producen estrés o ansiedad, pero también sirve para balancear estados emocionales que son difíciles de definir o de controlar. Funciona muy bien ante la toma de decisiones importantes.

Es un ritual que se hace en breves instantes y balancea desde adentro hacia afuera.

MAGNÍFICO DESAPEGO

1 - Piensa en tu zona de confort como un círculo en el que vives todo el tiempo.

2 - Visualiza qué cosas están fuera del círculo. Puedes imaginar actividades o situaciones nuevas o las que intentaste, pero según tu opinión o la de los demás, sin éxito. Incluye las veces que quisiste decir **no** y dijiste **sí**, o aquellas en las que no pusiste límites.

3 - Elige 1 o 2 de esas cosas y proyéctate haciéndolas sin miedos y sin frustraciones.

4 - Ve paso a paso desde el comienzo de la actividad hasta el final, registra tus emociones durante esta visualización.

5 - Completa el ritual haciendo algo concreto que sientas que te saca de tu zona de confort, registra en un diario de viaje todos los matices y sensaciones. Celebra y agradece haberlo hecho.

Repite esta frase cada vez que sientas que vuelves a tu zona de confort y que no puedes modificar la realidad: **Ejerzo y defiendo la bondad conmigo mismo por sobre todas las cosas. Me respeto y valoro en todo momento**.

PARA QUÉ SIRVE Y CUÁNDO USARLO

El círculo en el que sientes que controlas todo, y donde aparentemente los niveles de ansiedad son bajos, tiene muchas ventajas, pero a la vez puede convertirse en un limitante de tu expansión, creatividad, curiosidad y potencial de crecimiento. Creamos estas zonas de confort y en ocasiones son heredadas por mandatos educativos, sociales o familiares. Salir de ellas se convierte en un acto revolucionario que no significa cortar los lazos conocidos, sino acrecentar las posibilidades de una vida más plena y de mejor calidad. Salir de la zona de confort es un manifiesto de amor propio y bondad con uno mismo.

Fuera de este círculo hay otras culturas, nuevas maneras de pensamiento, formas flexibles de mirar el mundo, alquimistas del corazón, idiomas desconocidos y una larga lista de aventuras que expandirán nuestra mente.

El ritual te invita primero a visualizar y luego a actuar. Hay muchas cosas que puedes hacer para materializarlo: cambiar el color de ropa que usas siempre, elegir otra ruta para realizar tus actividades, comprar vegetales que nunca has probado para hacer una comida, aprender a tocar un instrumento, tomar clases de baile. Puedes probar y hacer todo aquello que tu mente te dice que no puedes hacer; así sales de esa zona segura para entrar en un espacio alternativo, donde florece la creatividad y la curiosidad.

Una buena manera de salir de la zona de confort es practicar decir **no**, poner límites, marcar espacios. Vas a sorprenderte del poder que tiene este ritual cuando lo activas.

TU CASA INTERIOR

1 - Respira. Cada vez que lo hagas, visualiza que abres las ventanas.

2 - Estírate. Cada vez que te estires, visualiza que entra el sol.

3 - Muévete. En cada paso que des di: **Gracias**.

PARA QUÉ SIRVE Y CUÁNDO USARLO

Cuando respiras te oxigenas. En este ritual, utilizas la visualización para expandir tu capacidad pulmonar. Al abrir los brazos das entrada a un portal para la luz y tus pies besan el planeta, dando gracias por la oportunidad de esa nueva pisada. Es poderoso para conectar los centros energéticos y balancearlos.

Los sabios yoguis afirman que tenemos 7 chakras principales a lo largo de nuestra columna vertebral (ruedas de energía o centros de inteligencia que giran permanentemente balanceando todos los sistemas del cuerpo), varios chakras invisibles adicionales y 72 mil nadis o canales sutiles de energía que corren por nuestro cuerpo, algunos coinciden con venas y arterias, y otros están localizados en puntos energéticos del organismo. Al visualizar la entrada del sol en el cuerpo das paso a la energía primordial del universo, el símbolo del calor y la vitalidad, del fuego en el corazón. Al practicar este ritual, en el que tu cuerpo es tu casa, coincides con la geometría sagrada que encuentra en el ser humano líneas perfectas y simétricas que hacen figuras que se entrelazan constantemente.

Practica este ritual en todo momento y pon en funcionamiento los chakras, los nadis, la geometría sagrada y el poder personal que vive en ti.

Repite esta oración que usarás como un mantra: **Poder personal que vives en mí, guíame por el camino correcto y permite que mi cuerpo sea mi casa de sabiduría.**

26

CHAU QUEJA

1 - Observa tu tendencia respecto a la queja.

2 - Analiza por qué, cuándo y qué dispara el hábito
de quejarte.

3 - Haz una lista de tus quejas de todo el día. Enumera
desde las más obvias y evidentes, hasta aquellas
silenciosas que no expresas en palabras o gestos.
Ponles una puntuación.

4 - Quema la lista cada noche o pártela en pedazos
y tira el papel.

5 - Agradece la posibilidad de salir de esta energía
y evolucionar, agradece la liberación.

PARA QUÉ SIRVE Y CUÁNDO USARLO

Este ritual es trascendental para la evolución. Es la semilla del cambio
completo de todas tus estructuras, hábitos y tendencias. Al mirar con
perspectiva tu propia queja, entiendes la dimensión de varias cosas:

el tiempo que te absorbe, la cantidad de energía que desperdicias, la negatividad que no te abandona, el impacto físico que se traduce en dolores, tensiones y ansiedades, y la poca productividad de esta costumbre.

Quejándote no modificas lo que está sucediendo, al contrario, llenas de trabas el presente. Al no asumir tu propia responsabilidad sobre lo que ocurre, siempre el otro u otros tienen la culpa de tu baja energía y alto nivel de descontento.

Al salir de la trampa de la queja sentirás una liviandad total y podrás recuperar tu latido justo, la temperatura adecuada en el corazón, porque el acto de quejarse altera totalmente tu ritmo cardíaco, nubla tu intuición y apaga tu fuego interior.

En la cultura occidental existe el culto de la queja, es contagiosa e infaltable en cualquier conversación. Parece que si no nos quejamos de algo no estamos sintiendo o no estamos conectados con la realidad. Al mismo tiempo, si no escuchas las quejas de los otros, te acusan de ser frío o indolente. Confundimos la queja con catarsis, creemos y pensamos que tenemos derecho a decir todo lo que nos incomoda o no está en sintonía con nuestro ego. Poner límites a los demás es imperioso, ya que la queja es una manera agresiva de comunicarse. Pero como todo comienza con uno mismo, no alimentemos tampoco nuestras propias pesadumbres. Por eso este ritual es fundamental en cualquier práctica interior para el despertar.

Estar expuestos a la queja constante mina las conexiones neuronales del hipocampo y nos condiciona negativamente, nos hace emocionalmente dependientes y nos somete a una energía que se mantiene en los niveles más bajos de la vibración.

Este ritual es una herramienta concreta para activar el antídoto contra el hábito de la queja constante. Este paso es indispensable para enamorarte de tu poder personal. ¡Ya deja de quejarte, por favor!

27

OUT DE LA ZONA
DE CONFORT

1 - Realiza actos de bondad por otros (deja mensajes, escribe un poema, teje, cose algo para los demás).

2 - Ayuda a quien lo necesite (cocina para alguien, lleva un paquete, realiza un trámite).

3 - Piensa en cosas sencillas y sorprendentes (una flor, un recado, una canción, una oración, un mantra o un pensamiento, los intangibles tienen un poder infinito).

4 - Elige una persona y comparte algo con ella (preferiblemente alguien con quien no te lleves bien o tengas algún problema).

5 - Crea cosas inesperadas para algún desconocido (gente con la cual no tienes relación o te relacionas casualmente).

6 - Entrégalas de manera anónima.

7 - Siente cómo repercute eso en tu vida emocional.

PARA QUÉ SIRVE Y CUÁNDO USARLO

Este es un ejercicio magnífico para entender nuestras intenciones. Hacer cosas para los demás nos ayuda a mirar con profundidad los niveles de nuestras expectativas respecto a las respuestas de las personas que reciben lo que hacemos.

Activa el desapego. Soltar, dar, dejar ir, desprenderse y aligerar las cargas son grandes entrenamientos que simbólicamente nos preparan para dar sin esperar nada a cambio, para animarnos a dejar ir ideas que ya no funcionan, hábitos poco saludables, pensamientos negativos, etc.

Se puede dar en todo momento. Incluso todo lo que hacemos se puede convertir en un acto de dar y servir. Hacer sin esperar, hacer cosas que exceden lo material. Es interesante integrar algunas rutinas de dar en el día a día, especialmente en momentos de estrés o de tensión. El ritual del dar transforma espacios y momentos en oportunidades para entender nuestro propio poder personal de cambiar el mundo, por eso este ritual es tan maravilloso.

AUTOBENDICIÓN

1 - Respira mientras frotas tus manos, creando calor y energía.

2 - Lleva tu mano derecha al corazón y extiende la izquierda hacia adelante.

3 - Luego, pon tu mano derecha sobre tu coronilla (puedes tocarla o dejarla por encima, sintiendo la energía).

4 - Lleva la mano izquierda a tu corazón.

5 - Respira y comienza a autobendecirte de la siguiente forma:

- Háblate suave en primera persona. Di tu nombre.

- Yo (aquí dices tu nombre), me bendigo.

- Me bien digo.

- Me honro y magnífico.

- Reconozco mi valor.

- Doy autoridad a mi intuición.

- Cada célula de mi cuerpo es una perla.

- Soy el faro, la luz y el aire.

- Me autobendigo y mi corazón encendido ilumina
  el mundo.

PARA QUÉ SIRVE Y CUÁNDO USARLO

Para volver a uno, al cuerpo, a la confianza de nuestra palabra hacedora que eleva el amor propio y nos convierte en soberanos de las decisiones, pensamientos, gestos, todo lo que podemos y debemos elegir.

Ancestral, cultural y educativamente, hemos entregado la sabiduría de nuestro cuerpo y su ilimitada capacidad de recuperación y regeneración a sistemas de salud, terapias, medicinas, remedios, etc., que muchas veces son indispensables, pero que en tantas ocasiones nos desarraigan de nuestro poder personal.

Nos llenan de miedos y dudas y nos resignamos a no saber nada de lo que sucede dentro nuestro, de cómo funcionan nuestros órganos, el sistema inmunológico o circulatorio, la perfecta comunicación eléctrica de las neuronas, hormonas, enzimas y su conexión con las emociones, la nutrición, el medio ambiente y todo lo que nos sucede en la vida.

Este ritual es una poderosa invitación a soltar las jerarquías en las que alguien rotulado como "poderoso o experto" nos dice lo que tenemos que hacer y pensar. Una invitación a volver al centro de nuestro ser y encontrarnos desde el amor con uno y con el todo, reforzando esa energía sutil de vida que nos sostiene y honrando el sabio que vive dentro nuestro.

Haz esta autobendición todos los días, especialmente al levantarte y antes de dormir. Jerarquiza tu ser, independízate de quienes creen saberlo todo fomentando la división y el enfrentamiento, dedica esta consagración de tu magnífico ser como un acto iniciático de confianza infinita.

RITUALES PARA CONECTAR CON LOS ELEMENTOS

Observa, dibuja, conoce tus huellas digitales. Mira sus curvas, líneas y espirales y pregúntale a las yemas de tus dedos lo que necesites saber. Luego toca el centro de tu pecho y la respuesta te llegará en unidad y claridad absoluta. Activa la inteligencia de tu corazón, que espera por ti.

LOS HUMANOS Y TODOS LOS SERES SINTIENTES ESTAMOS hechos de elementos sutiles y concretos. Los 5 elementos básicos que hacen a la naturaleza están presentes en todos nosotros, son vitales para nuestra evolución interior y exterior. Somos agua, tierra, aire, fuego y éter o espacio. Si alguno falla o funciona de más comienzan los desbalances.

Todas las culturas milenarias conocen y honran estos elementos. Podemos reconectar con ellos de una forma contundente y al descubrirlos se convierten en clave para contarle al mundo sobre nuestro poder personal.

Con el agua fluimos y nos convertimos en fuerza intangible capaz de derribar todos los obstáculos. Siendo fuego mostramos nuestro calor interior y vitalidad constante. En la tierra nos anclamos y agradecemos ser parte de los ciclos, dando y recibiendo constantemente. En el aire nos fusionamos con la respiración y tenemos la responsabilidad de mantenerlo limpio y libre de polución. En el espacio o éter habitamos con todos los seres, aunque inmaterial, es lo que nos sostiene y nos hace uno e interconectados.

Cada elemento tiene repercusión en nuestros estados mentales y anímicos, estos rituales sirven fundamentalmente para balancearlos y coordinarlos de tal forma que nuestro ser completo vibre en armonía.

Cultivamos el amor
propio sembrando
la mirada empática
hacia los que nos rodean.

LOS DEDOS

El dedo pulgar representa el fuego, está relacionado con el estómago y el bazo. La emoción asociada es la preocupación.

El dedo índice representa el aire, se relaciona con los riñones y la vejiga, su emoción asociada es el miedo.

El dedo medio es el espacio o éter, se relaciona con el hígado y la vesícula. La emoción asociada es la rabia.

El dedo anular es la tierra, se relaciona con los pulmones y el colon. Su emoción asociada es la tristeza.

El dedo meñique representa el agua. Se relaciona con el corazón y el intestino delgado, y su emoción asociada es la arrogancia.

1 - Masajea cada dedo mientras respiras conscientemente.

2 - Visualiza el elemento que representa, los órganos en tu cuerpo y las emociones asociadas para poder liberarlas.

3 - Toca cada uno, siéntelos, descúbrelos.

4 - Une los dedos de ambas manos para completar el ritual de balance.

PARA QUÉ SIRVE Y CUÁNDO USARLO

Los elementos interiores deben funcionar en armonía para que la salud física y mental sea excelente. A veces, el sutil desbalance, de un elemento respecto a otro, hace que perdamos nuestro punto de equilibrio. Accediendo a nuestro interior podemos volver a un estado óptimo.

Piensa y visualiza dónde viven estos elementos, descubre con el ritual cuál de ellos es más fuerte dentro tuyo, de qué estás compuesto. Puedes darte cuenta intuitivamente de que eres capaz de balancearlos y transformar lo que esté faltando o sobrando. Algunas puertas que puedes tocar son la medicina ayurveda, la medicina china y la técnica japonesa, Jin Shin Jyutsu, que desbloquea y armoniza nuestra energía vital a través de la conexión de los dedos con los elementos, los órganos y las emociones.

Pero, ante todo, tienes que descubrir qué sucede dentro tuyo y trazar tu propio mapa solo, desde la práctica y la constancia. Para completarlo, aprieta durante algunos minutos cada uno de los dedos, la mano completa con la mano opuesta para liberar tensiones y ayudar a que la circulación se mueva sin obstáculos.

FUEGO

1 - Masajea tu dedo pulgar. Primero con los ojos abiertos y luego con los ojos cerrados.

2 - Visualiza el fuego de tu organismo calmado y constante, sin altibajos.

3 - Visualiza el fuego de la digestión y combustión en tu aparato digestivo mientras sigues en contacto con el pulgar.

4 - Mira la llama encendida, sin llamaradas, tampoco cenizas, una llama adecuada para tus emociones y tu cuerpo, que sostiene la vida, pero no la quema.

PARA QUÉ SIRVE Y CUÁNDO USARLO

Toca tu dedo pulgar para bajar los estados nerviosos o de excesiva agitación, también para suavizar la digestión, activar los procesos creativos que sientas trabados, para equilibrar la temperatura corporal. La irritación, rabia, bronca, furia, y los malestares estomacales hablan de un exceso de fuego en el organismo. Mientras lo haces, procura beber agua fresca, calmar el fuego sin apagarlo, porque lo necesitas para tener encendida la imaginación y la pasión.

Cuando hay emociones o pensamientos atrapados en el cuerpo, muchas veces, se manifiestan en las zonas digestivas (el famoso nudo en el estómago). Este ritual contribuye a mover lo que está paralizado y liberarlo. Estómago y bazo se limpian y la inquietud asociada con el pulgar se mitiga.

31

AIRE

1 - Toca tu dedo índice, masajéalo para conectar con el aire dentro y fuera de tu ser. Puedes apretarlo y soltarlo varias veces. Hazlo en ambos dedos.

2 - Visualiza tus pulmones y el diafragma en movimiento.

3 - Inhala y exhala 7 veces por la nariz mientras activas el elemento aire.

4 - Mueve tus dedos índices para escribir en el aire tus deseos y anhelos. Luego sopla para que se esparzan.

5 - Puedes enganchar ambos dedos para estirar los brazos con los codos a la altura de los hombros mientras respiras.

PARA QUÉ SIRVE Y CUÁNDO USARLO

Conectas con tu *prana*, palabra que en sánscrito representa la fuerza vital o principio vital que se recibe de 3 fuentes principales: el aire, la tierra y el sol. Te vinculas con el aire y la energía del oxígeno de una manera nueva, desde el dedo índice hacia todo el cuerpo, mientras observas qué pasa con el aire que te rodea.

Usa el ritual cuando te falte el aire, cuando necesites respirar mejor, si tienes problemas pulmonares y respiratorios, ataques de pánico, o cuando sientas que no puedes respirar.

Despeja los conductos aéreos y libera los pulmones de residuos de aire que no fueron expulsados correctamente. Así el prana vuelve a fluir naturalmente y agiliza el proceso de sanación.

Este dedo está asociado al miedo, emoción que es indispensable equilibrar y balancear, sobre todo los miedos irracionales, descontrolados, disociados de la realidad. Esos miedos ancestrales que muchas veces no podemos manejar. Por su relación con los riñones y la vejiga este dedo es fundamental para ayudar a soltar, sacar y desintoxicar.

32

ÉTER

1 - Apunta tus manos hacia arriba. Respira. Ciérralas en puño, dejando solamente el dedo medio estirado.

2 - Siente la vibración mientras pides conexión y guía a tu fuente superior.

3 - Lleva ahora uno de los dedos al punto mágico de tu cuerpo, el tercer ojo, justo en el entrecejo. Presiona por unos instantes.

4 - Anota las ideas o palabras que te llegan, ya has abierto el canal.

5 - Atiende las respuestas a tus dudas y preguntas.

PARA QUÉ SIRVE Y CUÁNDO USARLO

Este ritual abre el contacto con la información superior que no está contaminada, se recibe energía del espacio o éter que rodea todo y que sostiene la vida. El contacto del dedo medio y el entrecejo es importante para llamar a las musas, buscar inspiración, entender planes a largo plazo, mirar fuera de la caja y recibir mensajes que llegan sin palabras.

También estimula y fortalece la corteza prefrontal, lo que favorece la acción desde la calma y frena la tendencia a reaccionar sin pensar. Por su conexión con el hígado y la vesícula tiene relación con la rabia. Cuando sientas emociones que son como torbellinos (bronca, irritación, odio, intolerancia) prueba balancearlas y desarmarlas con un buen masaje en el dedo medio. Practica el ritual y confía: todas las rabias acumuladas se pueden entregar al éter, el universo se las lleva y desaparecen. Toca tu dedo medio cuando necesites orientación y guía de niveles más elevados de conciencia, intuición, y respuestas desde otras dimensiones.

33

TIERRA

1 - Cada vez que puedas, siéntate y lleva tus dedos anulares a la tierra o al suelo, mientras visualizas un viaje de ida y vuelta en el que te cargas del poder del planeta y a la vez, entregas y devuelves con tu respiración los favores que la tierra te hace. El dedo anular te conecta con la tierra.

2 - Imagina un flujo circular desde tus dedos hacia tus brazos, en constante movimiento.

3 - Utiliza estos dedos literalmente como un cable a tierra, así balancear las ondas electromagnéticas de los artefactos electrónicos que te rodean, para despejar la cabeza y liberar de tensión de los ojos, que viven frente a las pantallas.

PARA QUÉ SIRVE Y CUÁNDO USARLO

Usa tu cable a tierra cuando tengas dificultades para concentrarte, problemas para bajar las ideas que parecen estar volando, pero no se concretan. Este ritual conecta con el ancla fundamental del planeta cuando hay demasiado aire y volatilidad. Conectar con la tierra es nuestra gran responsabilidad, es el camino y la salvación, debemos aprovechar toda oportunidad de hacerlo. Si no la puedes tocar ni sembrar, piensa en ella, en la Pachamama, en la madre tierra. Piensa y actúa protegiéndola siempre. Es la forma más hermosa y contundente de encender el corazón, de volver a la vida, de honrar este tiempo de tránsito que nos toca en el planeta Tierra.

Los órganos que se asocian con este dedo son los pulmones y el colon, unidos a la emoción de duelo. Entrega a la tierra los dolores de las partidas, de las despedidas. Entrégaselos a la tierra con cada respiración, activa el desapego para que lo que tenga que partir pueda irse sin que nada ni nadie lo retenga.

En este ritual es recomendable meter las manos en la tierra. En el ritual clarificador de ideas (ritual 46, página 170) puedes encontrar la opción para hacerlo con los pies.

AGUA

1 - Conecta las puntas de tus dedos meñiques.

2 - Abre tus manos hacia arriba para recibir. Respira y visualiza los fluidos de tu cuerpo: por las venas la sangre, la saliva en la boca, el sudor en distintas partes del cuerpo, las lágrimas en los ojos.

3 - Imagina cómo todos estos fluidos se mueven llenos de salud y vitalidad.

4 - Visualiza ahora cómo los líquidos de tu cuerpo se armonizan con el planeta y sus ciclos: mareas, lluvias y ríos están alineados con tu existencia.

5 - Siente cómo la calma fluye en todo tu ser.

6 - Repite mientras haces el ritual:

- Fluyo como un río sereno en todas las situaciones.

- Todos los fluidos de mi cuerpo están sanos, armónicos y ayudan a equilibrar el planeta.

- Mi mente y mis emociones son como el agua pura.

- Celebro el agua dentro y fuera de mí.

PARA QUÉ SIRVE Y CUÁNDO USARLO

Toca tu dedo meñique cuando tengas ideas estancadas, que no fluyen, sentimientos que no se mueven, situaciones que merecen un cambio, pero que están trabadas. Convoca el poder del agua que mueve y transforma, que humedece las ideas para que se activen.

Somos casi 90 por ciento agua, fluidos, saliva y sangre. Somos líquido en movimiento, ser conscientes de esto nos da una perspectiva diferente de lo que nos define como humanos, nos une al planeta y todo lo que nos rodea. Somos recipientes de elementos más grandes que nosotros mismos.

En los momentos complicados, en las situaciones cotidianas que nos superan, incorpora este mantra. El ritual nos invita a fluir: pase lo que pase somos agua, somos livianos. Podemos amoldarnos a cualquier circunstancia o envase sin dejar de ser nosotros mismos. Repetir la afirmación **soy agua**, nos posibilita transitar todo de otra manera.

La emoción asociada es la arrogancia o la pretensión y los órganos que corresponden a este dedo son el corazón y el intestino delgado, por lo que este ritual es fundamental para balancear los sentimientos de creernos más o mejores que otros.

Deja que el agua se lleve todo lo que no hace falta.

TUS PLANETAS

1 - Cierra los ojos y respira.

2 - Une todos los dedos para conectar tu energía a la de los planetas y el cosmos.

3 - Visualiza tu ser en la Tierra rodeado de todas estas fuerzas. Todo lo que sucede dentro tuyo es un reflejo de lo que pasa afuera y viceversa, no hay separación.

4 - Repite la afirmación: **Yo soy uno con el cosmos y los planetas, todas las estrellas brillan en mí.**

PARA QUÉ SIRVE Y CUÁNDO USARLO

El pulgar es el planeta Marte con la energía de actividad y presencia.

El dedo índice es el planeta Júpiter, conectado a la personalidad y las convicciones.

El dedo medio es Saturno, relacionado con la guía interior y la superior que debemos atender, la responsabilidad con uno y con los otros.

El dedo anular es el Sol, fuente de vida, energía y sustento.

El dedo meñique es Mercurio, el más corto de la mano, representa la inteligencia y la relación con los demás.

Este ritual nos conecta con la grandeza que nos rodea, crea conciencia: pertenecemos al cosmos, contenemos las estrellas y los planetas y ellos nos contienen a nosotros. Es excelente para momentos de dudas, cuando el desasosiego avanza y no lo podemos detener, ante la angustia y la enfermedad. Al unir los dedos se unen los planetas y las fuerzas que nos conectan con ellos. Además, podemos invocar las características de cada uno para lo que necesitemos en un determinado momento. De esta manera hacemos de este ritual un acto poético en beneficio propio.

Somos pequeños y finitos, y a la vez poderosos. Tenemos en nosotros información del universo y de las estrellas.

Cada dedo resuena con la energía del planeta que representa. Dentro de las manos también se encuentran la Luna, asteroides, estrellas nuevas y otras que existen en el espacio desde hace miles de años. El cielo y su mapa cósmico no son ideas lejanas, sino una realidad que vive en nuestras manos.

RITUALES PARA CONECTAR CON TU FRECUENCIA INTERIOR

Eres el director de tu música, compuesta instante a instante en cada respiración. Tu sonido comienza a sonar claro, preciso, sin interrupciones. Muestras tu voz, dices lo que piensas, eliges tus amistades, renuevas votos y te abres al misterio de notas desconocidas que están esperándote.

¿**C**UÁL ES TU FRECUENCIA INTERIOR? ¿DE QUÉ MANERA conocerla y encontrarla va a ser beneficioso en tu vida? Si te pregunto en qué nota suenas, según lo que piensas o sientes, ¿puedes identificarla? ¿Tienes conciencia de los niveles vibracionales de la gente que te rodea, de las relaciones que eliges? Las tradiciones espirituales y de trabajo interior coinciden en que nosotros, todo lo que existe, el universo y los planetas vibramos en niveles de octavas musicales. Así, los hindúes explican que el principio de todas las cosas es la palabra en sánscrito *Nada*, la sílaba Om (Aum) es el sonido inicial de la creación por su alto nivel vibracional. La teoría pitagórica, armonía de las esferas, señala que el Sol, la Luna y los planetas poseen un zumbido basado en su revolución orbital. La cualidad de la vida en la Tierra refleja el tenor de esos sonidos imperceptibles al oído humano.

Para los antiguos griegos, egipcios y culturas originarias americanas, el universo está manejado y conducido por notas numéricas armoniosas; los cuerpos celestes se mueven según proporciones musicales e incluso la distancia entre planetas coincide con intervalos musicales. Pitágoras descubrió en la teoría matemática de la música la relación entre la nota musical y la longitud de la cuerda que la produce: el tono de la nota de una cuerda está en proporción con su longitud, y los intervalos entre las frecuencias de sonidos armoniosos forman razones numéricas simples.

Todo emite una vibración única basada en su revolución orbital y la cualidad de la vida en la Tierra es un reflejo del tenor de los sonidos celestiales del universo que el oído humano no puede percibir.

A partir de este concepto los maestros espirituales de diversas disciplinas han investigado el poder de la vibración, el impacto de la respiración en la elevación de nuestro tono, la capacidad de la mente y los pensamientos para bajar o subir las octavas vibracionales en que nos movemos.

Hay un tono solar y cada planeta también tiene el propio, tus chakras tienen una nota y tus órganos vibran con un sonido esencial que los mantiene balanceados. En muchos de los rituales de este libro puedes practicar acercarte a tu vibración, pero sobre todo aprender a reconocerla, honrarla y elevarla.

La Ley de Octava es una poderosa teoría sobre las vibraciones. A partir de ella el maestro Gurdjieff funda su escuela de *mindfulness* y traslada toda la investigación de la octava al eneagrama para explicar cómo los humanos vibramos en diferentes rangos y de qué manera podemos salir de la cárcel de una vibración inferior o desgastante para elevarnos. La Ley de Octava (la octava es el intervalo que separa 2 sonidos y recorre 8 grados) afirma que es posible transportar todo el sistema solar al rango auditivo porque los sonidos primordiales son potencias sonoras que están permanentemente en nuestro entorno, aunque no las podamos escuchar. Todo nuestro ser y lo que nos rodea se mueve en una octava más baja o más alta, en la que se repiten los mismos intervalos y las mismas denominaciones de los diferentes tonos.

Emociones como odio, envidia, rabia, ansiedad vibran en un rango de octavas bajas. Los budistas las llaman *delusions* o delirios, basados en el miedo o la ignorancia. Puedes sentir de qué manera se altera todo tu sistema cuando estas se apoderan de ti, su poder vibracional es tan bajo, pero a la vez tan poderoso que resulta muy difícil liberarte de ellas. Cuando aplicas el antídoto y te conectas con octavas vibracionales elevadas, todo tu estado cambia, por eso es importante hacer los rituales de conexión con los elementos, los de limpieza interior o de conexión con la tierra y la naturaleza para transformar tu frecuencia y tu octava.

Ahora que has leído esto, si te pregunto nuevamente cuál es tu tono, ¿lo conoces? ¿En qué nota suenas? Intuitivamente tienes una respuesta que es adecuada y perfecta. Desde tu tono personal vas a transitar este capítulo para conectar con tu frecuencia interior. Al familiarizarte con ella te conviertes en una orquesta. Eres el director de tu música, compuesta instante a instante en cada respiración. Tu sonido comienza a sonar claro, preciso, sin interrupciones, muestras tu voz, dices lo que piensas, eliges tus amistades, renuevas votos, sueltas otros y te abres al misterio de notas desconocidas que están esperándote.

Saca tu tono, escúchate, genera armónicos (sonidos emitidos con vocales que duran mientras tienes aire). Cuando entiendes tu frecuencia vibratoria y te "afinas", el corazón arde en la temperatura adecuada.

Transforma

cada respiración

en un ritual

de agradecimiento.

36

DEDOS UNIDOS

1 - Une las yemas de tus dedos.

2 - Inhala y abre tu mano, exhala y ciérrala.

3 - Sigue respirando mientras abres y cierras tus dedos.

4 - Puedes hacerlo solo o con gente que tengas cerca.

5 - Vuelve a unir las yemas de los dedos y respira.

6 - Identifica esta afinación y repite el mantra: **Yo soy ilimitado en mis posibilidades.**

PARA QUÉ SIRVE Y CUÁNDO USARLO

Al unir las manos y el ritmo respiratorio se promueve una respiración diafragmática o abdominal que mejora la digestión, beneficia los órganos internos, se produce un equilibrio entre la respiración y el ritmo cardíaco que impacta directamente en el mundo emocional, balanceando sentimientos extremos u obsesiones. Esta manera de respirar toca todas las terminales nerviosas, tranquiliza la mente, armoniza y regula la respiración, nos conecta con los demás desde un espacio nuevo. Es un pulverizador natural de los pensamientos limitantes que cierran nuestra alegría y potencial. Vuelve a este ritual cuando necesites un ancla al momento presente.

Ante la aparición de cualquier pensamiento negativo aplica el antídoto de esta respiración. Como los pensamientos son muy veloces, debes entrenarte para atraparlos antes de que ellos te atrapen a ti. Haz una lista de todos los límites que te autoimpones, cuándo y por qué. Obsérvate, como siempre recomiendo, con mucha paciencia, profundo amor y agradecimiento. Equilibra los tiempos de inhalar y exhalar para que estén en el mismo ritmo, al hacerlo tu respiración se convierte en una herramienta de desintoxicación desde dentro hacia afuera. Practica este ritual varias veces al día para centrarte, antes de hablar, para dominar la rabia, subir las endorfinas y activar la fuerza de tu acción cuando te sientas decaído o desganado. Estás haciendo lo mejor, estás trabajando en tu ser para despertar. ¡Eso no tiene precio!

37

PORTALES ENERGÉTICOS

1 - Aprovecha la oportunidad para volver al momento presente cada vez que pases bajo un umbral o el marco de una puerta.

2 - Atraviésalo avanzando con el pie derecho. Intenta no pisarlo. Respira antes de hacerlo.

3 - En cada marco, convoca lo que quieres ya sea paciencia, alegría, agradecimiento, respiración consciente, etc.

4 - Coloca notas o carteles en los marcos que te recuerden aquello que quieres que suceda. Por ejemplo: agradezco, estoy atento, respiro.

5 - Reconoce el umbral como un portal. Vuelve al ritual en cada marco de todas las puertas que atravieses.

PARA QUÉ SIRVE Y CUÁNDO USARLO

Este poderoso ritual sirve como un despertador de la conciencia dentro de la cotidianidad. Une la práctica de la atención plena con los objetos que nos rodean e integra nuestro ser con el medioambiente, otorgando una proyección poderosa y especial a los espacios y a nuestro favor.

Ya no pasamos de un ambiente a otro o de la casa a la calle, sino que entramos en portales llenos de energía favorable. Además, ellos nos recuerdan nuestra verdadera esencia y el potencial de transformación que todo nos ofrece. Lo cotidiano se vuelve mágico y cada puerta marca la entrada o salida a una nueva posibilidad para volver al presente, dimensionar dónde estamos y adónde queremos ir.

Las puertas pueden estar señaladas con una progresión de palabras o cada una puede estar marcada con la que le corresponde al ambiente. Por ejemplo:

En la puerta de la cocina: **Todos los alimentos nutren mi ser.**

En la puerta del baño: **El agua que me limpia también limpia el mundo.**

En la puerta de salida: **Salgo a entregar mi luz.**

En la puerta del dormitorio: **Descanso, me relajo.**

Este ritual es una magnífica forma de ayudar al prójimo, puedes usarlo en 2 instancias concretas:

• Cada vez que cruces un umbral lleva contigo a personas o seres sintientes que por alguna razón no pueden salir de donde están, que no tienen la posibilidad de hacerlo por razones físicas, mentales o emocionales. Pueden estar vivos o quizás ya hayan partido a otras dimensiones. Ayúdalos con tu esfuerzo consciente a cruzar los portales. Dedícales tu cruce para que se liberen, salgan, descubran, despierten, se liberen. Puedes pensar en los que están encerrados, encarcelados (física o mentalmente), los inmovilizados, los que no tienen opción de salir al aire libre, puedes llevar contigo árboles o hasta bosques que, por ejemplo, no pueden escapar de incendios. Convócalos con tu energía y pide claramente que perciban tu intención y sean ayudados. La cruzada de cada puerta es un peregrinaje hacia la luz.

• Cada vez que cruces las puertas, pide conscientemente que todo lo que sobra, está de más, no sirve o no hace falta, quede atrás y se diluya. Que cada paso a otro ambiente sea una oportunidad de renovarte y generar cosas y oportunidades nuevas, interior y exteriormente. Pide también cuando abras las puertas y salgas o entres, que esa apertura signifique la concreción de tus deseos, abundancia, paciencia, paz o lo que estés necesitando y quieras. Abres la puerta y una energía superior ingresa a tu ser, a tu vida y al ambiente donde estás.

PERCIBO LA BELLEZA
DE TODO, EN TODO

1 - Vas a abrir tus sentidos a la experiencia de la totalidad que te rodea.

2 - Inhala y exhala mientras de forma consciente te propones percibir, lo más que puedas, la belleza de todo lo que te sucede interior y exteriormente.

3 - Puedes comenzar por uno de tus sentidos viendo la belleza de todo, en todo.

4 - Elige sucesivamente lo que puedes escuchar, oler, tocar, saborear, sentir.

5 - Identifica algunas cosas que aparecen al sentir que todo tiene belleza y anótalas como una guía espiritual que te orienta en el camino.

6 - Repite estas palabras como mantra en toda ocasión: **Siento y percibo la belleza de todo, en todo.**

7 - Activa el ritual especialmente cuando las cosas no salen como esperabas, en situaciones complicadas, revueltas, caóticas. Busca y encuentra la belleza de todo, en todo.

PARA QUÉ SIRVE Y CUÁNDO USARLO

Te invito a que conscientemente te propongas sentir la belleza de todo, en todo.

Es un antídoto poderoso que contrarresta la queja y pone freno a los miedos, te alejará de los juicios y prejuicios, y te acercará a la esencia de los milagros.

Simultáneamente siente tu corazón encendido y los cambios trascendentales que esto produce en tus estados mentales y emocionales.

Es una práctica iniciática en la que nuevamente eres creador y creado, en el ritual vas a encontrar siempre la comprensión que te muestra la belleza del todo.

En el camino de la atención plena se recomienda clausurar uno de los sentidos para que los otros se enaltezcan, cobren protagonismo. El sencillo acto de cerrar los ojos, por ejemplo, trae una bocanada de aire fresco al oído, al olfato, a otros niveles de percepción más sofisticados que, a veces, desconocemos. Haz lo mismo con cada uno de tus sentidos oliendo, tocando, escuchando, sintiendo de formas nuevas lo que te rodea.

Este es un ritual sumamente poderoso, es un "demoledor de apegos", incorpora este nuevo nivel de conciencia en aquellas cosas que nos desagradan, irritan, atemorizan o dan ansiedad.

¿Cómo podemos ver o percibir algo bello en lo que nos parece injusto, violento, caótico, dictatorial? Esa es la práctica, el juego de cambio de narrativa en donde todas las aristas se pulen, creando una amalgama nueva, soltando ideas anquilosadas que tenemos que despedir amorosamente de nuestro sistema integral. Disfruta este nuevo mundo que acabas de reconocer.

Repite este mantra, anótalo en un papel, pégalo en la nevera, escríbelo en la palma de tu mano, ponlo en los espejos del baño: **Siento y percibo la belleza de todo, en todo.**

39

PIDE A TUS MANOS

1 - Frota tus manos para producir calor y mover la energía. Ábrelas y míralas detenidamente.

2 - Háblales mientras observas sus pliegues, líneas, marcas. Identifica cosas que no habías visto antes.

3 - Sóplalas suavemente para que tu aliento las active. Úsalas como una herramienta de curación, de transmisión del mensaje de tu intuición y tu corazón.

4 - Acerca tus manos hacia donde lo necesites, sintiendo la vibración que emana de ellas.

5 - Lleva a tu corazón la izquierda y cúbrela con la derecha. Siente cómo el mensaje llega a todo tu cuerpo y en un movimiento circular sale por tus manos.

6 - Repite estas palabras cada vez que lo hagas: **Yo elijo la felicidad en todas las circunstancias, tengo el corazón en mis manos y mis manos en el corazón.**

PARA QUÉ SIRVE Y CUÁNDO USARLO

Tus manos tienen miles de neurotransmisores que las hacen más sensibles que los ojos. Los dedos no tienen músculos, sus tendones son controlados por los músculos del antebrazo, un cuarto de la corteza motora del cerebro (el área que se encarga de todos los movimientos) está dedicada solamente a su movimiento. Con sus 29 huesos, 123 ligamentos, 34 músculos, 48 nervios y 30 arterias, las manos son un milagro para expresar la intención de tu corazón. Con ellas puedes crear y construir, hablar y expresar. En este ritual las manos van a ser consentidas para que te ayuden a curar alguna enfermedad, dolor o herida que te aqueje o te haya afectado en otras instancias de tu vida.

Hay una línea energética, un meridiano directo entre el corazón y las manos. Ellas son la fuente principal para convertir la intención en acción. Al practicar el ritual generas compasión, estas ponen en acción a tu corazón, ambas partes se combinan y se unifica el ser.

Eres un ser capaz de autosanarse, de autobalancearse y al hacerlo te brindas al mundo. Confía, respira, convoca e invoca el poder de tus manos para que sean una extensión de tu poder personal, para que salga al mundo, lo transforme y no quede solo en ti.

ENCUENTRA TU *SANGHA*

1 - Realiza un repaso profundo de todas tus amistades, de la gente que te rodea.

2 - Observa los más cercanos, con los que compartes más cosas.

3 - Analiza desde todos los ángulos posibles la relación que tienes con ellos.

4 - Puedes empezar por una sola persona y analizar en detalle lo que te une a ella.

5 - Indaga, pregúntate si esa relación te aporta algo, te da felicidad, si saca lo mejor de ti.

6 - Lleva una *checklist* de cómo te sientes al observar esta información.

7 - Visualiza qué tipo de relaciones te gustaría tener. Piensa si el grupo que te rodea es beneficioso para ti.

8 - Ábrete a encontrar el *sangha* (grupo) adecuado para tu despertar, para tu crecimiento interior.

Sangha es la palabra en sánscrito que significa asociación, grupo, compañía, comunidad y la elegí porque deseo que cuando hagas este ritual pienses en la vibración de esta palabra y sus significados.

El ritual dedicado a pensar en tu grupo, tu comunidad es muy poderoso e indispensable en la evolución espiritual, en la elevación de la conciencia y de la vibración de la octava. Tu sabes en tu interior cuando las cosas no encajan, las relaciones se estancan, las situaciones te desgastan, te desconectan, no te aportan lo que necesitas; cuando el fuego de tu corazón se apaga o se gasta rápidamente.

Es fundamental hacer esta limpieza desde el amor y la paciencia, sin castigarte, pero con mucha rigurosidad. Limpia tu clóset, saca lo que no necesites, crea tu espacio y pon límites desde tu convicción de crecimiento interior.

Como eres un buscador sabes de qué te hablo, ya tienes muchas experiencias en las que has sentido que has perdido tiempo, que has dado de más, que no te estás entendiendo con los demás, que determinadas conversaciones te aburren, que quieres compartir otras vivencias más acordes con los cambios del nuevo mundo.

Tienes que buscar tu grupo, tu círculo sagrado, tu equipo de renovación. Lo más probable es que ya lo tengas, que ya te hayas acercado o que comiences a tener indicios de que las relaciones pueden ir por otros caminos menos banales y más creativos, humanitarios, de servicio al prójimo.

Practica este ritual a partir de este momento. Observa, siente, anota, mira lo que te producen las amistades que te rodean, por qué las has elegido o conservado. Siente la total libertad de decir **no**, de buscar otra cosa, de moverte de ese lugar, aunque parezca que no tienes la opción de salir. Busca tu *sangha*, que late en tu misma frecuencia, que te hace evolucionar y crecer, pensar y cuestionarte, animarte y vivir. Encuentra la comunidad que enciende el fuego de tu corazón y que comparte la lucidez de mostrar al mundo el poder personal que vive en cada uno de nosotros.

DISCOS DE ORO

1 - Siéntate con la espalda recta. Puedes quedarte de pie también, lo importante es que tu columna esté estirada.

2 - Visualiza los discos de tu columna como monedas de oro, una encima de la otra.

3 - Imagina estas monedas perfectas, que tienen un círculo en el medio por donde pasa tu médula, líquido vital conectado con tu cerebro.

4 - Percibe cómo con cada respiración sube el líquido hacia tus centros superiores, conectándote con el universo.

5 - Pide claramente lo que quieres y necesitas.

6 - Pon tus manos en la espalda baja, a la altura de las lumbares. Sigue tu latido, crea un sello energético de prosperidad, abundancia y salud.

7 - Termina el ritual con una respiración profunda mientras agradeces el tesoro que vive en tu espalda.

PARA QUÉ SIRVE Y CUÁNDO USARLO

En los últimos 500 millones de años, durante la llamada explosión cámbrica, cuando los océanos de la Tierra se poblaron de vida comenzó el viaje de nuestra columna vertebral. Desde entonces ha evolucionado con sus características únicas. Es una perfecta maquinaria que mantiene tu cuerpo erguido.

La médula (el líquido espinal que corre por dentro de la columna) contiene 13 mil quinientos millones de neuronas. La columna tiene 220 ligamentos, 120 músculos, 33 vértebras y 100 articulaciones, cientos de cartílagos, es una maravilla con memoria e inteligencia propia. Está dividida en 3 partes: la de arriba o cervical, que da movimiento y sostén a tu cuello está compuesta por 7 vértebras; la del medio o dorsal, de 12 vértebras, que con las costillas forma el tórax, y la lumbar, con 5 vértebras, que por su ubicación sostiene el mayor peso.

Para los yoguis una columna flexible es sinónimo de una larga vida, salud y entusiasmo, la postura marca los estados anímicos y niveles vibratorios interiores.

Este ritual es tu punto de encaje para dar y recibir una mayor vibración a tu columna.

Cuando los humanos nos pusimos de pie, nos erguimos, la liberación de los brazos y manos constituyó un cambio revolucionario. La postura erecta implica equilibrio, vitalidad, presencia. Emocionalmente entraña habitar el cuerpo, adueñarse del fuego del corazón, mostrar nuestro origen real y compartir el poder personal desde la espalda hacia el resto del cuerpo y del universo. Si encoges tu espalda y te encorvas, el mensaje que das es de abatimiento, de derrota, de dudas y miedos. La columna vertebral, la espina dorsal, el envase de la médula, marca el presente y destino de nuestra inteligencia emocional.

Practica el ritual todos los días hasta que la imagen de las monedas de oro sea parte de tu vida. Esto confirmará en tu inconsciente que lo que tienes en la espalda es el mayor tesoro, invaluable e irrepetible, hará que la responsabilidad por la salud de tu columna crezca exponencialmente. Muévete, mantenla flexible, practica el ritual y conecta con esta fuente de vida que alimenta tu corazón encendido y mantiene radiante tu poder personal.

EL HALO

1 - Lleva tus dedos a los lóbulos de tus orejas y masajéalos suavemente.

2 - Inhala y visualiza un halo que nace de tu lóbulo izquierdo hacia el derecho, como si tuvieras un arcoíris sobre la cabeza.

3 - Imagínalo dorado y brillante, ya está trazado.

4 - Levanta los brazos y entrelaza las manos por encima de tu cabeza, dándole volumen y expansión a tu halo.

5 - Siente el latido y el espacio entre tu coronilla y las manos. Mira todo el semicírculo lleno de tu luz.

6 - Respira 7 veces y baja los brazos sacudiéndolos para finalizar el ritual.

PARA QUÉ SIRVE Y CUÁNDO USARLO

La palabra halo, meteoro luminoso o círculo de luz difusa en torno a un cuerpo astral luminoso, deriva del latín *halos*, fue empleada por

Séneca para referirse al círculo de luz que rodea el Sol y la Luna. Pero este halo representa también la luz interior que se manifiesta en los chakras superiores y que ilumina tu camino.

El halo invisible que va de lóbulo a lóbulo es lo que los yoguis llaman *sexto cuerpo,* es el volante del aura, lo que te guía, protege y además abre tu intuición. Es el tercer ojo y el tercer oído que recibe los mensajes divinos. Este halo que puedes reconocer en pinturas de todas las religiones (santos y budas, por ejemplo) es un símbolo poderoso de alta frecuencia vibracional. Este ritual te invita a que lo conozcas, contactes y comiences a honrarlo, reforzarlo y hacerlo brillar.

Al activar los lóbulos de las orejas tocas puntos energéticos claves para despertar tu intuición y el tercer oído. Al estirar los brazos manifiestas la expansión y el tamaño de la circunferencia que llevas sobre tu cabeza. Es fundamental que comiences a familiarizarte con esta protección de luz dorada, una vez que la reconoces se fortalece con cada respiración. Este halo te protege y cuida, recibe mensajes del cosmos, tiene una línea directa con el fuego de tu corazón porque conecta los centros circulares que te rodean y además ilumina tu camino.

Las mujeres tienen un segundo halo localizado en los pechos, de pezón a pezón, para producir la energía sagrada del alimento de los bebés, además de protección espiritual. Si eres mujer completa el ritual de la siguiente manera: luego de estirar los brazos sobre la cabeza, bájalos a la altura de tu pecho para expandir tu halo del centro.

RITUALES PARA LA CALMA

Si te pido que describas el sabor del azúcar, ¿qué dirías? ¿Cómo puedes poner en palabras la dulzura? Tienes dentro tuyo un océano de ternura tan ilimitado que supera la imaginación, estás invitado a navegarlo.

LA CALMA ES UN SÚPERPODER, NO SOLAMENTE PORQUE suena bonito o lo usamos como metáfora para describir un estado de gracia, sino que es una realidad intangible, pero muy vigorosa. Desde el lugar de la calma puedo avistar el panorama completo sin identificarme con pensamientos del pasado o del futuro. Estoy en la cima de la montaña, veo el valle y los otros picos, sabiendo que lo puedo conquistar todo.

El espacio de la calma es el momento presente, ahí obtienes la libertad para navegar aguas sutiles de mundos desconocidos que viven fuera y dentro tuyo, tomar decisiones adecuadas, escuchar la intuición, reconocer a los otros, desapegarte de viejas formas de actuar y reaccionar que no te permiten crecer.

¿Qué es lo más hermoso que has sentido cuando estás calmado? ¿Qué registro puedes hacer de tus emociones en ese momento? Los rituales de este capítulo van a conectarte con espacios y herramientas para volver a la calma, al presente, a tu estado de gracia natural. La intención es que puedas mantener la calma viva en todo momento, y si llegaras a perderla puedas regresar rápidamente a conectar con ella, y que incluso puedas transmitirla a los demás. Que estas palabras se conviertan en parte de tu mantra cotidiano: **Mi calma es un súperpoder**.

...mirar con profunda humildad y asombro el perfecto corazón que nos habita.

43

RADIANTES CÉLULAS

1 - Respira y conecta con tu ser por unos instantes.

2 - Cierra los ojos, si puedes, si no mantén la presencia
de tu atención mientras haces la práctica.

3 - Usa las yemas de los dedos de ambas manos y comienza
a darte golpecitos suaves en el centro del pecho, a
la altura del corazón.

4 - Repite mientras sigues el ritmo de tus dedos: **Cada célula
de mi cuerpo está feliz, sana, oxigenada y radiante.**

5 - Desde este centro vas a expandir la intención a todo
tu sistema.

6 - Continua por unos instantes hasta que sientas que ese
mensaje llega desde el pecho a todas las células de
tu cuerpo.

PARA QUÉ SIRVE Y CUÁNDO USARLO

Tus células están cambiando, creciendo, muriendo, nutriendo, reproduciendo y relacionándose, están en constante movimiento, respirando contigo. Te componen desde el momento de la concepción una cantidad ilimitada de estos milagros funcionales, forman la unidad estructural de todos los seres vivos.

Tenemos 39 billones de bacterias, 30 billones de células y 200 clases diferentes de estas con tamaños, formas y estructuras internas con 3 partes principales: la membrana celular, el núcleo y el citoplasma; cromosomas con su material genético, ribosomas que producen proteínas, mitocondrias con su motor de energía, una lista tan hermosa como para hacer un poema.

Las células de tu piel se renuevan completamente cada 2 semanas, las de tus pulmones cada 2 meses, las del hígado cada 5 y la de tus huesos cada 10 años. Somos un templo en constante construcción desde nuestra fisiología perfecta y este ritual de honra celular es fuente de salud. Eres quien activa, conecta, comunica con tus células. Estás a cargo de lo que pasa dentro tuyo y dejas de ser un pasivo participante para convertirte en quien dirige y hace las reglas del juego.

Tus células te aman y adoran cuando las tienes en cuenta, cuando las convocas, y se llenan de oxígeno cuando les hablas.

Activa este ritual varias veces al día, especialmente cuando experimentes ansiedad o dudas, cuando sientas que ese miedo propagado desde los medios, las noticias, la publicidad o las redes sociales, te sobrepasa.

Entonces, con tranquilidad vuelve a hablar con ellas e inicia el efecto antídoto contra la mordida del terror.

Repite el mantra: **Cada célula de mi cuerpo está feliz, sana, oxigenada y radiante.**

CONTIENES EL INFINITO

1 - Respira y conecta con ambas partes de tu cuerpo.

2 - Derecha/izquierda, masculino/femenino, sabiduría/
compasión. (Vuelve al ritual une tus alas, página 58).

3 - Haz 2 mudras con tus dedos: une el pulgar con el índice
haciendo un círculo, *Chin mudra* en sánscrito.

4 - Une los 2 círculos como eslabones de una cadena:
el círculo derecho y el izquierdo forman el símbolo
del infinito.

5 - Cubre luego con los dedos de la mano derecha los
dedos de la mano izquierda y ponlas sobre tu corazón,
a la altura del diafragma. Mantén siempre pulgar
e índice unidos.

6 - Haz lo mismo, pero esta vez el círculo izquierdo va sobre
el derecho y los dedos de la mano izquierda quedan
sobre la mano derecha.

7 - Pon tus manos nuevamente sobre tu corazón.

8 - Respira e invoca a las fuerzas que viven en ti para que se integren, y conecta con el infinito que también vive dentro tuyo.

PARA QUÉ SIRVE Y CUÁNDO USARLO

Este mudra y su significado llegaron a mí durante una meditación: un mensaje transparente para encender el corazón. Las instrucciones que recibí fueron contundentes respecto a este movimiento físico, emocional y mental para mantener el fuego interior ardiendo en el punto justo.

Este gesto une los opuestos. **Integración** es la palabra clave que puedes reiterar mientras lo haces. Repite mentalmente: **Uno e íntegro, soy uno e infinito a la vez.**

Integra las partes duras y blandas, el Sol y la Luna, los opuestos que siempre se necesitan para accionar todos los proyectos. Traes orden al caos y el infinito a tus manos cuando haces el gesto poderoso que nunca termina.

Este ritual te da libertad para que lo uses según lo que te haga falta: si necesitas acción, decisión, toma de liderazgo, hablar claro, concretar o poner límites, usa el gesto de la derecha sobre la izquierda mientras sostienes el mudra de infinito en tu corazón. Si por el contrario necesitas parar, calmarte, bajar decibeles, conectar con tu intuición, tomar distancia y observar más pasivamente, usa la izquierda sobre la derecha.

Puedes hacer el mudra completo o usar solo el lado que requieras para lo que te hace falta. Recuerda que la palabra de esta práctica es **integración** y que tienes el infinito en tus manos. Es un ritual precioso para convocar la calma, sumarla en tu día a día, hacerla parte del equilibrio que guía tu transitar. Al hacer el gesto de infinito enciendes tu corazón, llamas la calma e invocas la ilimitada posibilidad de despertar y evolucionar.

VISUALIZA DULZURA

1 - Frota tus manos sin usar ningún elemento exterior. Imagina que las untas de azúcar, miel o de cualquier cosa que represente dulzura para ti. Puede ser un aroma o pensamientos dulces, un recuerdo, una sensación, etc.

2 - Pásalas luego por todo tu cuerpo, desde la cabeza a los pies, sin olvidar las partes menos visibles como las axilas, los pliegues, los dedos del pie, etc.

3 - Mientras te tocas imagina que esa dulzura que estás convocando entra por tus poros y todo tu ser se transforma con la energía de la suavidad y la dulzura.

PARA QUÉ SIRVE Y CUÁNDO USARLO

Cuando visualizamos algo dulce, emocionalmente, entramos en un estado receptivo y calmo. Las terminales nerviosas se relajan y todo el organismo entra en la frecuencia de la ternura. Es un gran ritual para generar amor propio, autoestima, seguridad, confianza y respeto por el propio cuerpo.

Es ideal para buenos comienzos, inicios radiantes. Es auspicioso para cobijar nuevos proyectos, iniciar emprendimientos, animarte a los cambios positivos que tienes que hacer. También puedes hacerlo cuando tienes que hablar en público o simplemente como un recordatorio de tus bondades y natural disposición hacia el mundo.

Practica este ritual cuando enfrentes caminos opuestos o encrucijadas, en momentos de tensión o miedo, cuando tengas emociones encontradas o dudas. Puedes compartirlo o hacerlo solo. Se puede convertir en un juego comunitario, en familia o con quien quieras, contagia dulces pensamientos y sentimientos.

46

CLARIFICADOR DE IDEAS

1 - Quítate los zapatos.

2 - Pisa la tierra, el césped, la arena o el piso de tu casa.

3 - Camina descalzo por un momento.

4 - Imagina que besas el suelo con los pies.

5 - Cada pisada es una caricia para el planeta Tierra. Tienes 72.000 terminales nerviosas en la planta de tus pies, en ellos está el mapa entero de tu cuerpo y de tus órganos internos.

6 - Respira y agradece. Puedes hacerlo en pocos minutos. Imagina que tus pies tienen alas que besan el piso, que acarician la tierra.

PARA QUÉ SIRVE Y CUÁNDO USARLO

Cuando estás con pensamientos obsesivos, repetitivos, imparables, este es un excelente cable a tierra para despejar la mente. Sal de tus pensamientos, de tu cabeza, suelta el ruido mental y baja a tierra, toca el suelo. También es un buen ritual para momentos de tensión o estrés en el hogar o en cualquier situación cotidiana. Respira por los pies y sube este oxígeno renovado hasta la última célula de tu cabeza. De inmediato tu mente se esclarece y las ideas estancadas comienzan a fluir, los pensamientos negativos se empequeñecen y cambia toda tu perspectiva.

Puedes usarlo a determinada hora del día para cambiar algunos de tus hábitos mentales, o incorporarlo a la rutina como práctica espiritual durante las últimas horas de la jornada.

Deja la cabeza, despide por un momento los pensamientos y desacelera la irritación, los nervios que nublan tu poder personal y te confunden en un caos imaginario. Lo único que tienes que hacer es pisar la madre tierra, ella te está esperando. Es testigo de tu esfuerzo y tu talento, de tu comprensión y tu potencial, ella te resguarda del autoboicot y de los miedos, es tu aliada y se comunica contigo por los pies. No la dejes de atender, no te dejes de atender. Quítate los zapatos y toca el suelo. Generosamente, la tierra te recibe sin pedir nada a cambio para darte salud y esperanzas.

Honra tus pies, el punto más austral de tu cuerpo. Ellos te permiten no solo caminar, sino bailar, correr, trepar. Sus 52 huesos, 33 tendones, más de 100 músculos y ligamentos perfectamente organizados se encargan de tu equilibrio y balance. Para mantener tu corazón encendido y enamorarte de tu poder personal es necesario reconectar con los olvidados pies, ellos merecen todos los honores.

47

DESCONÉCTATE

1 - Observa tu teléfono y tu computadora.

2 - Agradéceles todo lo que hacen por ti y la gran ayuda que te dan.

3 - Realiza un ritual de cierre y apágalos. Literalmente apaga los artículos electrónicos que te rodean.

4 - Desenchufa.

5 - Desconecta el wifi, especialmente de noche.

6 - Respira y apaga. Cierra los ojos y apaga también por unos segundos el ruido interior. Respira y siente la libertad que tienes de cortar cuando quieras y volver a encender cuando estés listo.

7 - Reconecta tus dispositivos electrónicos. Seguramente tendrás una experiencia nueva cada vez que realices este ritual.

PARA QUÉ SIRVE Y CUÁNDO USARLO

¿Te animas? ¿Puedes? ¿Lo intentaste alguna vez? Especialmente en estos tiempos, nuestras vidas están unidas a estos aparatos. Pero al mismo tiempo puedes ejercer una gran práctica al desconectarlos.

Estamos tan apegados a ellos que a veces creemos que no podemos vivir si no funcionan. Apagarlos nos libera y cambia la perspectiva de dependencia que tenemos sobre el teléfono y los otros dispositivos. Empodera el libre accionar de una forma simple y contundente: puedes apagar y prender tus aparatos cuando quieras. Regálate un espacio para respirar y entrena la mente para que se desenchufe durante algunos instantes.

Este es un ritual que se puede hacer gradualmente, unos minutos por día, y luego incrementar el tiempo de apagado. Podemos combinarlo con la meditación.

Si logras incorporarlo a tu vida, poco a poco sentirás una gran liberación, y a la vez la activación gradual de zonas dormidas de tu cerebro que están ahí, dispuestas a despertar, como la telepatía, la clarividencia, la fina intuición. Vas a poder escuchar los pensamientos de gente que te habla, comunicarte sin textear, adelantarte a los acontecimientos y fortalecer otras maneras de comprensión sobre ti mismo y el mundo.

RESPIRA Y SUSPIRA

1 - Intenta identificar cómo se mueve tu respiración sin tocar la nariz.

2 - Síguela y siente el aire.

3 - Observa: ¿por cuál de los 2 orificios entra más aire y sale más aire? ¿Cuál está más activo, el izquierdo o el derecho?

4 - Observa los flujos y movimientos internos. Fíjate si cambian tus emociones.

5 - Haz un respiro y un suspiro largos y pausados.

6 - Vuelve a tu centro sembrando paciencia y capacidad de resistencia.

Repite estas afirmaciones mientras haces el ritual:

- **Respiro y soy parte del todo.**

- **Mi respiración es agradecimiento.**

- **Mi respiración es la llave para vivir en el presente.**

PARA QUÉ SIRVE Y CUÁNDO USARLO

Convierte tu respiración en un ritual que se acomode a diferentes momentos del día. Un buen suspiro despeja la mente y conecta con el corazón. Intenta hacer consciente por dónde entra el aire: tus orificios nasales. ¿Sientes que entra más por el izquierdo o por el derecho?

Ambos orificios están relacionados con canales sutiles de energía (nadis), según los yoguis transportan la energía divina que vive en nuestro interior. Ida, Pingala, Sushumna, Luna, Sol: integración de todos los opuestos. En tu orificio izquierdo está Ida o la Luna, en el orificio derecho, Pingala o el Sol, en el medio, al respirar por ambos orificios esta Sushumna, que sube hasta la coronilla despertando tu energía vital y espiritual.

Al comenzar esta práctica vas a identificar cuál de ellos está más activo, más presente, de qué manera esto cambia con el transcurso del día y con tus emociones. Respirar nos contacta con las emociones, balancea estados hormonales, reintegra la paz y despeja el caos. Calma los sentimientos irracionales y los pensamientos negativos. Es un gran ritual que se puede incorporar en todo momento, pero sobre todo ante situaciones difíciles.

Yo transformo el mundo y beneficio a otros con el poder de mi respiración.

TU MURMULLO

1 - Usa el zumbido o el murmullo (*humming* en inglés), para cantarte una canción, tu melodía favorita. Como si le cantaras a un bebé para calmarlo. Hazlo contigo mismo.

2 - Cierra los labios y sin abrirlos, susurra la canción sintiendo la vibración reverberar en todo tu organismo.

3 - Puedes cantar algo que conoces o dejar que el corazón te lleve, mientras vas creando tus propios sonidos.

4 - Si tienes la oportunidad, cierra los ojos y observa si sientes diferencias con los ojos abiertos o cerrados.

PARA QUÉ SIRVE Y CUÁNDO USARLO

Por su forma casi secreta puedes realizar este ritual en cualquier momento. Es ideal cuando tienes que esperar mucho, cuando sientes que pierdes la calma o cuando sabes que vas a vivir situaciones que te hacen perder la paciencia. Este ritual te conecta con tu voz interior, la puedes oír de una manera nueva, acalla tus pensamientos repetitivos y produce una vibración beneficiosa para el cerebro. Está demostrado que 5 minutos de murmullo por día tiene un efecto contundente en nuestro organismo: reduce el estrés, lleva a la calma y fomenta el descanso. A la vez, baja el ritmo cardíaco y la presión sanguínea, y produce poderosos neuroquímicos como la oxitocina (la hormona del amor). Úsalo como un aliado antes de responder de manera agresiva o sin pensar, ánclate en el murmullo para tomar decisiones desde un lugar calmo y conectado con tus emociones. Cierra los ojos y escucha cómo este sonido te tranquiliza y centra, a la vez que enciende el fuego de tu corazón cuando lo sientes apagado o te has olvidado de mantener la temperatura adecuada.

9 VUELTAS

1 - Respira inhalando y exhalando por la nariz.

2 - Tapa con tu dedo índice de la mano derecha el orificio izquierdo de la nariz e inhala por el derecho.

3 - Tapa ahora el orificio derecho y exhala por el izquierdo, imaginando que sale de ti toda la rabia y furia acumuladas.

4 - Repite 2 veces más.

5 - Tapa nuevamente el orificio derecho e inhala por el izquierdo.

6 - Exhala por el derecho, imaginando que salen todos los apegos y deseos.

7 - Repite 2 veces más.

8 - Inhala ahora por ambos orificios y cuando exhales imagina que sueltas toda la ignorancia y confusión que tienes en la mente.

9 - Repite 2 veces mientras inhalas y exhalas: **Estoy listo para dejar ir lo que no me hace falta, estoy listo para renacer en cada instante, tengo la capacidad ilimitada de transformarme e inspirar a otros en todo momento.**

PARA QUÉ SIRVE Y CUÁNDO USARLO

Esta respiración constituye un ritual que balancea emociones, expulsa y purifica lo que no es necesario guardar a nivel mental o físico, limpia los canales sutiles del cuerpo. Dejamos ir rabia y furia, apegos y deseos, y finalmente, ignorancia y confusión. Estas emociones van a la velocidad de la luz y se confunden entre sí. Vienen en pares, aplicarles el antídoto requiere gran destreza y capacidad de reacción, por eso estos sentimientos tienen que ser balanceados lo antes posible para que no te coman y te consuman.

Lo hermoso del ritual es que lo puedes hacer en cualquier momento del día. Incluso, con un poco de práctica, lograrás discernir cómo el aire entra y sale por el orificio elegido sin necesidad de tocarlo (ver ritual respira y suspira, página 174).

Esta práctica abre espacios para que desaparezcan las visiones egoístas y prosperen los pensamientos altruistas. Es una excelente estrategia para el desapego sin drama, el verdadero dejar ir y soltar que no trae victimización, sino una profunda libertad. Sentirás que puedes sacar cosas estancadas, anquilosadas, situaciones y sentimientos que estaban bajo la alfombra, finalmente tienes cómo hacerlo.

RITUALES PARA LA HORA DE COMER

Hay tanta abundancia rodeándote, dentro y fuera, desde tus células hasta las estrellas… Los elementos están interconectados en perfección, nutriendo lo que eres y lo que vienes a dar. Agradece los bocados energéticos que nos permiten apreciar cada instante.

"QUE TU ALIMENTO SEA TU MEDICINA Y QUE TU medicina sea tu alimento" dijo Hipócrates (460-370 a. C.), el padre de la medicina. Tanta verdad hay en esto como en el hecho de que muchas veces es más importante cómo comemos que lo que comemos.

Si practicamos una alimentación a partir del *mindfulness*, consciente y presente, todo lo que ingerimos se convierte en motor de vitalidad y salud. Comer es un acto sagrado que debemos jerarquizar en nuestra cotidianidad para que cada momento que implique alimentarnos sea una oportunidad de conexión y crecimiento interior.

Los alimentos se convierten en nuestra medicina, llenan de colores y vida a nuestras células. Debemos honrarlos como parte de la tierra, del proceso de transformación del todo y de la interconexión que nos une. Los alimentos curan, sanan y energizan. En este capítulo los rituales abren una perspectiva renovadora sobre lo que significa comer y traen a la práctica maneras de transformar la hora de la comida en un verdadero acto de amor y conciencia. El combustible para tu cuerpo, células y órganos tiene que ser de alto valor nutricional, pero no solo en su materia prima, origen y composición, sino también en el componente que le damos desde nuestros centros de inteligencia. La interconexión con los alimentos es vital para mantener el fuego encendido del corazón y que para tu poder personal no quede impregnado de colorantes, químicos y sabores artificiales, sino que sea la expresión genuina de tu ser y su expansión al mundo.

Si practicamos
una alimentación
consciente, todo lo que
ingerimos se convierte
en vitalidad y salud.

TODO INTERCONECTADO

1 - Reconoce, observa y agradece todos los alimentos que estén sobre tu mesa.

2 - Piensa en todos los seres que estuvieron involucrados para que estos alimentos lleguen a tus manos.

3 - Repasa mentalmente y visualiza el proceso, intentando ser lo más específico posible: desde el inicio con la creación y selección de los ingredientes hasta el procesamiento, empaquetado, transporte, comercialización, preparación, etc.

4 - Agradece y celebra esta nueva oportunidad de alimentarte y la interconexión entre los seres sintientes.

PARA QUÉ SIRVE Y CUÁNDO USARLO

Es un ritual muy simple que nos ayuda a hacer conscientes los procesos, la interconexión y la energía que hacen falta para que las cosas sucedan.

Si se implementa antes de cada comida, se convierte en un hábito de agradecimiento que impacta tanto en el cuerpo como en las emociones. Se valora mucho más lo que se come y el momento de hacerlo se convierte en una oportunidad de conexión.

Usa tu ilimitada imaginación y creatividad para practicar este ritual todas las veces que comas algo. No toma más que algunos segundos y nos conduce a honrar los linajes necesarios para que la comida llegue a tus manos. Linajes de todos los seres vivos involucrados en el proceso. Puedes crear una ruta en un papel con los diferentes momentos, hacer un collage con las etapas de los alimentos, crear un diario de registro para identificar el paso a paso en las diferentes cosas que se comen, hacer visitas al mercado e imaginar el camino que recorrió cada alimento hasta llegar a tus manos.

Este ritual también es una llave que abre tu conciencia, que abre preguntas más profundas sobre la saciedad, el hambre, la gula, los deseos, las pautas culturales y sociales sobre comer; los prejuicios y juicios, la política y la economía que se juegan en todo lo que ingerimos. Hazlo con amor y paciencia, verás que la comida adquiere otro sabor y otro saber.

52

COME CON TUS MANOS

1 - Frota tus manos antes de tomar un alimento (puede ser una fruta, por ejemplo).

2 - Visualiza cómo de tus manos y dedos salen luz y salud.

3 - Siente el alimento y su composición celular vibrando en tus manos.

4 - Sopla tus manos y dedos. Transmite tu fuerza vital al alimento que vas a ingerir.

5 - Antes del primer bocado, agradece mentalmente.

6 - Disfruta conscientemente todo su sabor.

PARA QUÉ SIRVE Y CUÁNDO USARLO

Al comer con las manos el alimento cobra otra dimensión porque entra a nuestro ser con la energía vital que estas le imprimen, especialmente el poder de nuestro tacto. Pregúntate: ¿dónde está mi mente cuando cocino? ¿Qué pensamientos tengo cuando como? ¿Qué conozco de la historia de este alimento que voy a incorporar a mi cuerpo? ¿Por qué lo he elegido? Estas son preguntas importantes para el ritual de conexión entre la comida y las manos, se establece, de un nuevo, circuito neuronal: tacto, pensamientos y mundo emocional están conectados. Cuando te alimentas, nutres profundamente tu sistema celular y molecular desde la raíz, por ello, no debe ser un acto mecánico, sino un momento lleno de sentido.

El soplido en las manos cuando tocamos la comida nos trae al momento presente y nos recuerda el poder creativo de nuestra respiración, les transmitimos a los alimentos un componente espiritual que los convierte en aliados de nuestra salud. Con la práctica constante de este ritual verás cómo muchos de los problemas digestivos, alergias, etc., se van diluyendo.

Tus manos son sagradas y el alimento que llevas a la boca también lo es. Es un intercambio entre tu ser y lo que comes en un infalible ida y vuelta de energía y agradecimiento.

El ritual enseña la conexión de las partes del cuerpo, la perfecta armonía y el poder de transformación que tenemos. Crear una pausa consciente antes de morder fomenta la atención plena, baja la velocidad con que se come, trae calma y produce un instante especial lleno de respeto.

53

TU INTENCIÓN AL COMER

1 - Antes de cada bocado haz mentalmente el pedido de algo que quieras o necesites.

2 - Piensa en algo general antes de comer o en algo especial durante cada bocado.

3 - Llena de intención el momento de la comida. Repite estas palabras: **Que estos alimentos nutran mi ser, llenen de salud mi cuerpo, den fuerza a mi creatividad, conviertan mi energía en cosas positivas para la humanidad. Gracias por esta posibilidad de nutrirme.**

PARA QUÉ SIRVE Y CUÁNDO USARLO

Este ritual da un propósito a todo lo que se ingiere. Convierte el momento de comer en una situación consciente y presente. Es una manera dinámica de incentivar la curiosidad y la imaginación y a la vez, instalar un respeto profundo por los alimentos. Cada alimento tiene su color, composición química y emana una energía determinada, es decir, un mundo vibracional va a entrar en tu cuerpo. Se crea un espacio de honra y respeto por ti mismo y por todas las circunstancias que permiten que te alimentes. El pedido intencional activa el momento presente.

La antigua ciencia de la ayurveda refiere en profundidad sobre la relación entre nuestra composición y los tipos de alimentos que tenemos que consumir. Explica, además, la estrecha conexión de los diferentes sabores con los puntos energéticos de la lengua y el paladar, entre otras cosas maravillosas.

Podemos desarrollar nuestra propia rutina de alimentos desde la intuición, los sentidos y el conocimiento, y aprovechar este ritual para aprender más sobre cómo funciona el cuerpo, cómo se transforman los nutrientes en nuestro organismo y cómo cada bocado ayuda a los huesos, a los ojos, a la piel, etc. Todo está interconectado, interrelacionado, somos uno con el universo.

Infórmate sobre el origen de los alimentos que consumes, busca lo que crece localmente, los productos de la zona. Consume las frutas y verduras de estación, las locales, evita los congelados, procesados y enlatados. Ser un consumidor consciente tiene un impacto directo en tu poder personal y el proceso de enamoramiento con lo que vive en ti: lo que eres, el milagro de tu cuerpo y sus procesos, tu interior no solo emocional, sino fisiológico. Hay alimentos y bebidas que sabes inmediatamente que no te hacen bien, que requieren un gran trabajo de tu organismo para procesarlos y un esfuerzo aún mayor de tu corazón para mantenerse encendido. Busca alimentos vibrantes que reflejen el calor de tu fogata interior.

54

DESCUBRIMIENTO EN EL MERCADO

1 - Escribe tu lista del mercado. Piensa conscientemente en lo que necesitas y en lo que quieres comprar. En el papel imprimes anticipadamente la energía de lo que luego vas a adquirir para cocinar.

2 - Elige en lo posible un momento sin prisa para salir a comprar tus alimentos.

3 - Toca, huele, mira, oye en el mercado cada una de las cosas que vas a comprar.

4 - Si puedes hazlo con los ojos cerrados por un instante.

5 - Piensa en las combinaciones y recetas que vas a hacer con lo que elegiste.

6 - Recuerda brevemente la experiencia multisensorial que viviste al realizar la compra cuando cocines o consumas tus alimentos.

PARA QUÉ SIRVE Y CUÁNDO USARLO

Este ritual aporta perspectiva sobre todo lo que consumimos y nos aleja de la manera automática que hemos adquirido de comprar y elegir lo que vamos a comer, sin pensar o sentir.

Es un ritual de acercamiento a los pasos que requiere cada cosa, cada decisión. Un método concreto para conectar con la paciencia y los procesos que unen las instancias de nuestra existencia, ayuda a darnos cuenta de que no estamos separados del todo y que somos parte de algo más grande.

La experiencia multisensorial de ir al mercado es inagotable y puedes aprovechar ese momento para desarrollar todos tus sentidos, agudizar la memoria, profundizar el agradecimiento y la bondad, aprender de tu olfato e intuición. Comienza por elegir lo que vas a llevar, pregúntate por qué, cómo lo vas a usar, cuándo. Es un aprendizaje para desarrollar empatía y entender que estamos interconectados siempre.

Este ritual tiene un componente místico adicional que es fundamental conocer: todo te habla, todo tiene un mensaje para ti. Lo que te rodea tiene un nivel vibracional que brinda información importante para tu vida. Si entras al mercado dispuesto a escuchar, sentir y ver lo que no es obvio, te vas a sorprender con la cantidad de maravillas que se despliegan ante tus ojos. Serás bienvenido a un concierto superior que hace rato te espera. Estás activando el fuego de tu corazón y la capacidad de percibir lo sutil desde tu poder personal.

Es recomendable que lleves tu diario de viaje para registrar todo lo que ves en el mercado, la gente que trabaja allí, lo que se paga por los alimentos, el proceso de limpieza y preparación hasta llegar a comer. Esto es *mindfulness* en acción, una meditación en movimiento.

MANOS A TIERRA

1 - Elige semillas y tierra, un brote o gajo de una planta (alimento) que quieras cultivar.

2 - Si no tienes espacio, puedes hacerlo en una maceta o en un frasco.

3 - Cierra los ojos, respira y agradece el contacto con la tierra fresca.

4 - Agradece a las semillas, que tienen el potencial de convertirse en alimento para ti.

5 - Al momento de sembrar o plantar repite: **Tierra, te agradezco tu generosidad y te confío estas semillas llenas de poderes benéficos para mí y para los demás.**

6 - Sella el ritual al regar la tierra y elegir el mejor espacio para que lo sembrado prospere y se multiplique.

PARA QUÉ SIRVE Y CUÁNDO USARLO

Este ritual tiene varios componentes esenciales para el balance físico y emocional. Tocar la tierra produce un beneficio de calma a nivel cerebral y nos conecta con este elemento como fuente de los alimentos. Entramos en conexión con el proceso del sembrado, podemos entender cómo todo tiene su tiempo, su maduración, su inteligencia propia. Aunque a veces intentemos apurar las cosas, ellas suceden cuando están listas. Al sembrar se practica la paciencia y vivimos el asombro cuando las plantas nacen o salen los brotes.

Elige palabras de alta vibración emocional para agregarlas a tus plantas, ya sea escribiéndolas en las macetas o junto a la tierra donde siembras. Carga la energía de la vida que late debajo de la tierra con frases y afirmaciones que promuevan el crecimiento y la expansión.

Uno de los componentes químicos de la tierra es la serotonina, por lo cual cuando la tocas, revuelves o siembras, activas tu propia serotonina, esa hormona que conecta con la luz y la vitalidad, la energía y la alegría. Tocar la tierra también tiene un alto poder antidepresivo, contiene Mycobacterium vaccae, una bacteria que produce en las neuronas el mismo efecto que la fluoxetina (Prozac), droga usada para tratar cuadros de depresión. La microbiota de la tierra refleja tu microbiota intestinal, ese mundo de millones de bacterias y microbios que viven dentro tuyo, que sostienen tu vida y tu sistema inmunológico en equilibrio.

Las extremas medidas de higiene que nos rigen, especialmente en contexto de pandemia, y sobre todo en el mundo occidental, han acabado con bacterias, parásitos, hongos y microbios que se encontraban en el suelo, que eran parte de nuestra vida y que protegían naturalmente a nuestro sistema inmune. Cada vez los niños tocan menos la tierra y nosotros, los adultos, estamos lejos de ella en cuerpo y mente. Para diversas investigaciones, la gran explosión de enfermedades autoinmunes y alergias se debe a nuestra desconexión con los organismos que viven en la tierra y en las plantas.

Aquí y ahora, con este libro en tu poder, es el momento de revertir el proceso. Practica el ritual, mete las manos en la tierra y tu corazón florecerá.

Si tienes un jardín es maravilloso el ejercicio de las palabras porque se pueden escribir directamente en la tierra en el momento de plantar, en carteles de madera pintados o con piedritas, por ejemplo. Prueba cantar, hablar, dialogar con las semillas sembradas y observar qué sucede con esas plantas en las que colocamos una clara intención para su crecimiento.

56

AFINA TU VIBRA

1 - Elige algunos alimentos de diferentes formas y texturas.

2 - Combina crudos, cocidos, salados, dulces, etc.

3 - Prueba el primer bocado con los ojos abiertos. Come con la boca cerrada y pon atención al sonido de los alimentos, mientras respiras conscientemente.

4 - Ingiere el segundo bocado con los ojos cerrados. Pon atención nuevamente en el sonido de los alimentos cuando masticas.

5 - Intercala los diferentes alimentos y la acción de abrir y cerrar de ojos.

6 - Observa minuciosamente las diferencias que escuchas y sientes cuando tienes los ojos abiertos y cuando los tienes cerrados.

7 - Identifica los sonidos de los alimentos como si armaras una sinfonía propia.

PARA QUÉ SIRVE Y CUÁNDO USARLO

Masticar lentamente (40 veces cada bocado) trae una miríada de beneficios, por ejemplo: mejora la digestión, baja la ansiedad al generar mayor sensación de saciedad, mejora la absorción de nutrientes y el fortalecimiento de los dientes, pero también induce sutiles conexiones que equilibran la salud de las células, armonizan el latido del corazón y calma la mente.

Al usar los molares para masticar se ejerce una presión en el sistema nervioso central y en zonas cerebrales específicas, puntualmente la que está por debajo de la raíz de la glándula pineal. Para los yoguis, un desbalance de esta área es lo que produce adicciones físicas y mentales, como memorias de traumas estancadas, ideas repetitivas y autodestructivas, que parecen inquebrantables. Ese desequilibrio se puede balancear con el uso de las muelas de atrás para masticar conscientemente. Al activar los molares se masajean las sienes, donde convergen las uniones craneales de los 4 huesos: frontal, parietal, temporal y esfenoide, y pasa una de las venas principales del cuerpo (vena temporal) que irriga sangre a la corteza cerebral. El sonido de los alimentos da una información inédita y adicional a nuestro cerebro y a la vez, fomentamos el brillo de nuestro cuerpo que se expande en cada mordida, cuando tragamos lo que comemos, cuando comienza el proceso de absorción en el cuerpo.

Este ritual es extremadamente útil para descubrir características desconocidas de los alimentos y de nuestra relación con ellos. Al poner foco en el sonido y el ruido que ellos hacen dentro de la boca, una nueva relación de respeto y conexión con lo que nos nutre comienza a establecerse. Es un viaje lleno de nuevos matices y texturas, porque al practicar este ejercicio de *mindfulness* se destapan gamas de sabores que nunca antes habíamos percibido.

Prueba, escucha, evoluciona, despierta, siempre tienes la oportunidad de cambiar tu vida. Identifica cómo el sentido del olfato también se puede redescubrir y honrar, el tacto en las diferentes partes de tu boca, así como registrar las sensaciones de las distintas texturas en ella.

Al incluir el sentido de la vista a la hora de comer, un mundo inconsciente sale a la luz. Observa con dedicación tus sentimientos y emociones, la manera en que aparecen memorias y hasta personas cuando comes con los ojos abiertos, y lo que sucede cuando comes con los ojos cerrados. Registra, explora con curiosidad lo que te sucede. Es un gran ritual para superar miedos a la oscuridad, al encierro, a la tendencia a controlar todo y a todos. Recuerda que los alimentos que entran a tu cuerpo son sagrados y que puedes aprovechar el momento de la comida como una práctica profunda de espiritualidad.

PROGRAMA TU AGUA

1 - Carga una botella de agua, preferentemente que no sea de plástico.

2 - Puedes hacer el ritual, si lo prefieres, con un vaso.

3 - Observa por unos segundos el líquido e imagina que en el momento de tomarlo va a limpiar todo tu organismo, va a eliminar lo que sobra y lo que está de más.

4 - Pega papeles con palabras en tu botella. Esas palabras van cargar el agua y empoderar el líquido que vas a beber. Usa mensajes de alta vibración, palabras de amor propio, de respeto hacia a ti mismo.

5 - Cambia las palabras cuando quieras, modifícalas, arma frases, etc.

6 - Recuerda que vas a llenar tu botella con una intención amorosa y que al beberla vas a beneficiar a tu organismo y con eso a todo tu mundo.

PARA QUÉ SIRVE Y CUÁNDO USARLO

Este ritual es un homenaje al investigador japonés Masaru Emoto, que estudió sobre el impacto de las palabras en el agua. Las grandes tradiciones místicas, también, hablan de la memoria y la inteligencia del agua. Los experimentos de Emoto muestran cómo partículas de este elemento expuestas a palabras negativas o de bajo nivel vibracional se descomponen y pudren, mientras que aquellas expuestas a música, palabras o voces amorosas y positivas toman formas armónicas y hermosas. En su libro *Mensajes del agua* muestra en una serie de fotografías tomadas a sus moléculas el impacto de esos mensajes. Afirma que como el cuerpo humano es casi un 90 por ciento agua, cualquier mensaje positivo o negativo que utilicemos sobre ella modifica nuestra estructura celular. Su trabajo es muy popular y es la base de la película *What the Bleep Do We Know!?*, que te recomiendo ver porque deja muchas inquietudes y cuestiona ideas básicas de tiempo, espacio y lugar que damos por sentadas. Al margen de estas investigaciones, es fundamental que saques tus propias conclusiones, que realices tu propia experiencia. Si cada una de tus células es casi 80 por ciento agua, todo lo que digas, pienses y hagas va a repercutir directamente sobre ellas, de una manera positiva o contraproducente.

El ritual de visualizar el agua como vehículo de limpieza interior te va a ayudar a desintoxicar, destapar emociones ocultas o escondidas, desechar impurezas de la piel y de los órganos, mover tu metabolismo y mejorar por completo tu calidad de vida. Es tan simple como cargar el agua con tus pensamientos. Si completas el ritual con los mensajes, la vibración de las palabras va a modificar electromagnéticamente el agua que tomas.

De esta forma, cada vez que consumas agua será un acto mágico, lleno de información para tu ser, un encendido directo del corazón y una manifestación absoluta de tu poder personal puesto en las palabras que bebes.

RITUALES PARA DESCANSAR Y DORMIR MEJOR

Resignifica todo, dale valor a lo que parece secundario, habla con los objetos y llénanos con tu energía, insufla vida y aprovecha estos rituales para pedir en sueños todo lo que quieras, mereces y necesitas.

DUERME PARA RECUPERARTE, RENOVARTE, BALANCEARTE, descubrirte, conectar con mundos invisibles, salir del cuerpo y transmigrar hacia otros estados avanzados de conciencia, para meditar en profundidad, para encontrar las respuestas a tus preguntas diurnas. Todo eso y mucho más sucede cuando duermes. Su impacto biológico, emocional y mental es inmenso. Durante los últimos 20 años la ciencia se dedicó a investigar en profundidad por qué dormir es tan importante como comer o respirar.

Uno de los investigadores pioneros en el tema es Matthew Walker (profesor de neurociencias y psicología y director del Centro para la Ciencia del sueño de la Universidad de California). Es autor del *Why we Sleep*, que desglosa cientos de aspectos y beneficios del descanso para los ritmos circadianos (cuando tu sistema homeostático de ciclos de vigilia y sueño están equilibrados), la inteligencia emocional y la salud física.

Su trabajo es fascinante, afirma que "mientras menos duermes, más corta es tu vida", y que dormir es la herramienta más efectiva que puedes usar para resetear tu cerebro y cuerpo hacia una salud total. En su libro habla de las horas de sueño necesarias, la temperatura ideal, los espacios, el efecto de drogas y alcohol en el cuerpo y durante el descanso, el aumento de ataques al corazón relacionados con la falta de sueño y cientos de datos relevantes.

Para los místicos, dormir es la puerta al otro mundo. En la religión judía, por ejemplo, la primera oración de la mañana (Mode Ani) es en agradecimiento a Dios por traernos de regreso del otro mundo, porque nos ha devuelto el alma que se llevó durante la noche y que regresa renovada.

Dormir y soñar son una dupla inseparable, el mundo onírico es tema de millones de teorías, tratados e investigaciones. Lo cierto es que el misterio sobre adónde vamos cuando cerramos los ojos, qué pasa con nuestro ser y nuestro inconsciente, sigue sin revelarse del todo.

Por eso estos rituales que van a apoyar tu experiencia mientras duermes, van a preparar tu ser y tu corazón para que esta sea trascendental, para que aproveches todas las respiraciones para encender tu corazón. Vas a usar la vigilia y el sueño para enamorarte de tu poder personal, cuando experimentes lo que puedes descubrir mientras duermes vas a realizar estos rituales sin falta, todas las noches.

58

MASAJES DE CALMA

1 - Antes de dormir frota tus manos creando calor y energía.

2 - Aprieta suavemente desde la planta de tus pies hasta la cabeza. Aprieta y suelta cada parte de tu cuerpo.

3 - Pon tus manos en forma de puños y date golpes suaves en todo el cuerpo para que la energía se esparza y fluya.

4 - Flexiona ahora tus dedos como si fueran las garras de un tigre y con la punta de los dedos recorre todo el cuerpo.

5 - Recuerda la espalda, la parte posterior de tus piernas, de tu cabeza y nuca. Allí hay centros energéticos muy poderosos que debes activar también.

6 - Pasa tus manos por todo el cuerpo. Para finalizar, sacúdelas para que el exceso de pensamientos y emociones se vayan y circulen, para descansar mejor.

7 - Repite mientras realizas la secuencia: **Abrazo y celebro el regalo de mi cuerpo. Cada parte de mi ser es un manantial de salud y calma. Vivo y vibro en salud perfecta.**

PARA QUÉ SIRVE Y CUÁNDO USARLO

El cuerpo se prepara para descansar sin tensiones innecesarias. Todo lo que tiene que salir se va y el campo electromagnético queda libre y fluido para que la hora del sueño se desarrolle sin altibajos.

Estos masajes permiten que cualquier energía estancada se mueva, la respiración se equilibre y el latido del corazón se regularice. Preparan el cuerpo, la mente y las emociones para una noche reparadora.

Hazlo todas las noches justo antes de dormir, prepárate para ascender, ten listo tu cuerpo para recibir los mensajes de la noche sin tensiones ni miedos. Suelta, libera, fluye y déjate llevar por un sueño reparador y lleno de información trascendental para tu vida. Es excelente cuando tienes problemas de insomnio o cuando el sueño se interrumpe durante la noche.

PREPARA TU ALMOHADA

1 - Apoya la cabeza y asienta tus ideas y pensamientos en ese elemento fundamental para tu descanso: la almohada.

2 - Usa tus manos para estirarla, acomodarla, organiza ese espacio con una intención.

3 - Pasa tus manos sobre la almohada y pídele que te sostenga sin altibajos durante la noche, que le permita a tus ideas y pensamientos una renovación en el ciclo nocturno.

4 - Agrega sobre la almohada cualquier elemento que te ayude a la relajación y que consideres importante (aromas, flores, etc.).

5 - Pídele a este objeto que te lleve durante el sueño a un lugar de claridad y confianza, que te revele caminos, aclare dudas, muestre los rumbos que debes tomar.

PARA QUÉ SIRVE Y CUÁNDO USARLO

Practica el ritual todas las noches. Puedes además incluir sábanas, pijamas y cobertores. Preparar lo que te va a sostener durante la noche de forma respetuosa y amorosa, que transmita agradecimiento por todo lo vivido y las enseñanzas que recibiste durante el día. Así, cargas los objetos cotidianos con un significado nuevo, activas la energía y la vibración que ellos tienen para que sean aliados durante el día. Resignifica todo, dale valor a lo que parece secundario, habla con los objetos y llénanos con tu energía, insufla vida y aprovecha el ritual para pedir en sueños todo lo que quieras, mereces y necesitas.

El popular refrán sobre consultar con la almohada antes de tomar decisiones importantes tiene que ver con esta práctica que magnifica y honra el sitio donde apoyas la cabeza, la ropa que te acompaña en el sueño, el colchón que te sostiene y las sábanas que te cubren.

Las tradiciones orientales como el budismo o el hinduismo tienen sus ritos especiales para la hora de dormir, especificaciones estrictas sobre la dirección de la cama, lo que debe haber en el cuarto, los objetos que promueven un buen dormir. Comienza a estudiar y a informarte sobre prácticas como el Feng Shui, que redistribuye muebles y objetos para que el alma pueda fluir sin obstáculos a la hora del sueño. Curiosea, indaga, ábrete a creer que lo que ves no es todo y que tienes derecho a pedir lo que necesitas siempre que lo requieras. Todo te será otorgado, ni más ni menos de lo que te hace falta.

Puedes también colocar algún objeto simbólico, como el trozo de una planta o un aroma debajo de la almohada o debajo del colchón. Recuerda que todo es vibración y que tú y los objetos están interconectados desde siempre. Cualquier cosa que elijas va a cumplir su misión de acompañarte, guiarte y ayudarte mientras invocas, al mismo tiempo, a tus guías celestiales, ángeles y protectores del sueño.

ALIANZA NOCTURNA

1- Inhala y repite: Yo respiro y me entrego.

2- Exhala y repite: Al misterio de la noche infinita.

3- Inhala y repite: Suelto el control.

4- Exhala y repite: Hago una alianza nocturna con mis guías superiores.

5- Respira y repite este mantra con los ojos cerrados minutos antes de dormir: **Yo respiro y me entrego al misterio de la noche infinita, suelto el control. Hago una alianza nocturna con mis guías superiores.**

PARA QUÉ SIRVE Y CUÁNDO USARLO

Meditar antes de dormir es una de las claves para un descanso profundo. Las ventajas y beneficios de la meditación están más que comprobados. Hacerlo antes de dormir, especialmente por la noche, es fundamental porque tiene un profundo impacto en la simbología que nos hace humanos. Desde la época de las cavernas encendemos luces para transitar las zonas oscuras. La noche, que representa lo oculto y desconocido y a la vez, es fuente de exploración y curiosidad. Es inevitable mirar hacia arriba para descubrir las constelaciones, las fases de la Luna, la conciencia del espacio sideral que nos rodea. La oscuridad de la noche nos obliga a elevar la mirada y experimentar el asombro ante el cielo infinito y meditar en lo extraordinario.

Para comprender mejor el ritual analicemos estos datos alucinantes, detente en la palabra **noche**: está compuesta por la letra n y seguida del 8 (oche), esto se repite en otros idiomas como en portugués: *noite*: n + oito (8), inglés: *night*: n + eight (8), alemán: *nacht*: n + acht (8), español: noche: n + ocho (8), italiano: *notte*: n + otto (8) o francés: *nuit*: n + huit (8). La letra **n** es el símbolo matemático de un número alto elevado y el número **8** representa el infinito. Noche es unión con el infinito, los idiomas y sus historias colectivas lo confirman y hasta la propia palabra sugiere que debemos dormir 8 horas.

Usa el ritual como una meditación para enamorarte de la noche y de tu unión con el infinito. Desarrolla tu cosmovisión conectando tus células con las estrellas y tu respiración con la Luna que mueve las mareas.

Practica el mudra de encender el corazón, haciendo el símbolo de infinito: haz 2 círculos con el índice y el pulgar y une ambos como una cadena, forma el número 8. Pon tu mano derecha encima de la izquierda si quieres invocar la energía vital y palpitante del Sol, o al revés, tu mano izquierda sobre la derecha, si necesitas la introspección y la calma de la Luna. Lleva este mudra a la altura del corazón y pide un descanso reparador e iluminador.

61

EL OJO DE HORUS

1 - Lleva uno tus dedos al punto del medio entre tus cejas.

2 - Haz movimientos de manera circular, puedes ir en sentido horario y viceversa. Realiza pequeños círculos con una presión suave.

3 - Siente tu respiración mientras haces el masaje.

4 - Imagina cómo todo el metabolismo y las emociones se regulan perfectamente, ayudando a tu cuerpo y mente a descansar y aprovechar al máximo las horas de sueño.

5 - Mientras masajeas el punto repite este mantra: **Todo lo que pido, todo lo que necesito se manifiesta.**

PARA QUÉ SIRVE Y CUÁNDO USARLO

Entre las cejas existe el punto mágico del cuerpo, un portal poderoso que al tocarlo activa zonas cerebrales localizadas en el centro del cerebro. En las tradiciones orientales es el llamado tercer ojo, el portal que conecta directamente con las glándulas pineales y pituitaria, canales de conciencia superior, de flujo de intuición, que permiten comprender más allá de las formas y entrar en un campo cuántico en el que los conceptos de tiempo y distancia cobran un significado totalmente distinto. Los antiguos egipcios lo llamaban el Ojo de Horus, porque la estructura de la glándula se asemeja a un ojo. Siglos después se descubrió que tiene componentes similares a los del ojo, como por ejemplo córnea, retina, cristalino, etc. La llaman pineal porque su forma se asemeja a una piña, que además simboliza la abundancia y el bienestar (esta forma está presente en el bastón del Papa y en los bordados y lienzos de la antigüedad). Según la tradición védica, la pineal está relacionada con el sexto chakra. En India se conoce como la "Ventana de Brahma", en China la denominan el "Ojo Celestial" y los taoístas la llaman el "Palacio Niwan".

Este ritual activa la glándula pineal, la desempolva y descalcifica. En la mayoría de los adultos la glándula se calcifica por tóxicos del medioambiente, la alimentación desequilibrada, la falta de descanso, la vida sedentaria, el exceso de flúor en el agua y pastas dentales, por largas horas frente a pantallas, etc. Cuando se calcifica pierde su cualidad visionaria y mística, se lentifica y se diluye su poder intuitivo, nos desconectamos de su guía. Desde el punto de vista anatómico, esta glándula es la encargada de producir melatonina, la hormona que regula el ciclo de sueño y vigilia. Si la glándula está apagada el equilibrio homeostático del organismo se altera, provocando problemas y enfermedades crónicas, inflamatorias, depresiones, estrés, etc.

En la actualidad que atravesamos es imperioso activar la pineal, este ritual va a conectarte con una puerta interior que hasta ahora posiblemente no habías descubierto. Cuando la abras tendrás acceso a un mundo nuevo que literalmente se abrirá dentro tuyo. Cada vez que lo practiques podrás acceder a ese espacio que será fuente inagotable de conexión con tu poder personal.

62

SONIDOS NOCTURNOS

1 - Acuéstate en la cama boca abajo, apoya tu mejilla derecha sobre la almohada. Deja la oreja izquierda despejada para que entre la energía de la calma (la de la Luna, lo intuitivo).

2 - Respira tranquilamente mientras pones atención a los sonidos que te rodean.

3 - Identifica los ruidos, los sonidos nocturnos y escucha el que suena más lejano.

4 - Luego focaliza en el que suena más cercano.

5 - Por último, identifica los sonidos interiores.

6 - Cierra los ojos y conecta con el sonido de la noche.

PARA QUÉ SIRVE Y CUÁNDO USARLO

Para comprender la importancia de este ritual es importante conocer algunos datos fundamentales sobre tus oídos. Cuando entiendes la anatomía de tu cuerpo tomas conciencia de lo perfecto que eres, conectas con tu poder personal sin que te queden dudas, ¡todo vive en ti!

Tus oídos son maravillosos, no dejan de trabajar ni cuando duermes. Se dividen en 3 partes (oído externo, medio e interno), lo conforman los 3 huesos más pequeños de nuestro cuerpo, pero uno de esos, el hueso temporal, es el más fuerte. Los oídos están internamente llenos de pelos (más de 20 mil) que limpian, protegen y los cuidan de bacterias e infecciones. El sentido del balance está ahí: en el oído interno vive el sistema vestibular, que permite no caernos, no marearnos, mantenernos en equilibrio. Escuchamos mejor del lado izquierdo y está comprobado que las vibraciones y notas musicales se reciben con mayor precisión allí, por eso el ritual te invita a que explores lo que sucede con tus niveles de escucha particularmente en este lado.

Sintonizar los sonidos imperceptibles agudiza nuestra atención plena a un punto máximo. Si puedes escuchar a la distancia o en tu propio interior, vas a estar listo y disponible para oír verdades, misterios, preguntas y acertijos que activan tu fuego interior, encienden tu corazón, iluminan tu vida y la de los demás.

La práctica de la escucha atenta es indispensable para comprender el alcance de tu propio poder personal: vas a oír tu voz interior y vas a descubrir su cadencia, tono y vibración.

Luego de este ritual de escucha plena, todo el organismo está mejor predispuesto para dormir sin interrupciones. ¿Cómo suena la noche?

¿Qué diferencia percibes en los sonidos comparándolos con los de día? ¿Qué emociones sientes? ¿Qué recuerdos te invaden? Dormir tiene un efecto en todo el organismo y a varios niveles: molecular, energético, en las funciones intelectuales, en los grados de alerta y el humor. Dormir ayuda a mejorar los reflejos, focalizar y optimizar la atención plena. Dormir impacta en todos los tejidos del cuerpo, en las hormonas, el crecimiento, sistema inmunológico y la salud cardiovascular.

Serás capaz de discriminar en sueños los mensajes que te llegan y tu oído entrenado los recordará para usarlos a tu favor durante la vigilia. Aprovecha el ritual para hacer tus pedidos de guía e iluminación, porque tus maestros consagrados van a hablarte directo al corazón.

63

TENSIONA Y SUELTA

1 - Tensiona los dedos del pie, toda la pierna y luego suelta.

2 - Tensiona el estómago y suelta.

3 - Tensiona las manos, dedos y brazos y suelta.

4 - Tensiona los músculos de la cara, la cabeza y relaja
sin dejar ninguna parte del cuerpo sin tensionar y soltar.

5 - Identifica los puntos donde se soltaron las tensiones.
Crea espacios, dentro tuyo con la respiración para evitar
nudos y dolores musculares.

PARA QUÉ SIRVE Y CUÁNDO USARLO

Damos información a nuestra inteligencia corporal para dormir lo más
relajados posible, sueltos, libre de tensiones, dejando fluir todo el sistema corporal y emocional, dejando salir lo que hay que dejar ir para
dormir tranquilos. Este ritual entrena nuestros músculos y huesos para
saber que a la hora de dormir todo se puede relajar. Nos saca de la
mente racional que intenta calmarse y relajarse sin desconectarse del

cuerpo y nos ubica en el territorio de la experiencia directa a nivel molecular, celular y de los tejidos. Al hacer conscientemente los movimientos de tensión y relajación, sales de hábitos ancestrales en los que las tensiones innecesarias son moneda corriente. Son tan sutiles que no las tienes registradas, como gestos en la cara, el ceño fruncido, los hombros contraídos, los puños cerrados, el nudo en la garganta y cientos de posturas físicas que desequilibran el orden natural con el que nacemos y que es el que merecemos para una vida de calidad. Con este ritual transformas esos hábitos en nuevos comandos para el cuerpo, que ya sabe lo que se siente cuando de verdad sueltas, aflojas y relajas, para que le recuerde a tu mente y a tu ego la mejor manera de vivir, especialmente a la hora del descanso. Hazlo en combinación con los otros rituales para dormir; también es un excelente ejercicio para utilizar durante el día en momentos de mucha tensión o crisis emocionales. Entrena el cerebro para tomar decisiones desde la calma, controlando la impulsividad. Escanea tu cuerpo volviendo al punto de conexión, de tu verdad interior, además balancea el latido del corazón, mantiene tu hoguera en el punto justo y tu poder personal está de maravillas, libre de tensiones, fluyendo con la vida.

64

REPASA TU DÍA

1 - Repasa el día desde el comienzo hasta el final, con el mayor lujo de detalles.

2 - Incluye emociones y pensamientos, encuentros y desencuentros, como si hicieras un mapa del camino de tu día.

3 - Observa un momento en el que perdiste tu práctica de *mindfulness* (perdiste la paciencia o la presencia).

4 - Registra qué sucedió ahí, sin juicios ni condenas. Observa con mucho amor para limpiar las memorias y mejorar la situación y si te vuelve a ocurrir durante la vigilia.

5 - No te detengas más de lo necesario para completar el repaso y continua.

6 - Crea una motivación para dormir, una intención antes de descansar, por ejemplo: que tus sueños te ayuden a clarificar tus ideas, a superar obstáculos o a encontrar respuestas a tus preguntas.

PARA QUÉ SIRVE Y CUÁNDO USARLO

Al poner la cabeza en reposo aprovecha el último momento de vigilia para hacer este ritual que va a maravillarte por su simpleza y su grandeza. En primer lugar, activas el desapego y la perspectiva, porque todo lo que estás observando quedó en el pasado, ya se terminó. Puedes ver lo que ha sucedido como una película en la que fuiste el protagonista, pero que tienes la oportunidad de cambiar y mejorar todas las veces que quieras. Cuando te detengas en el momento o los momentos en que perdiste el hilo de tu práctica, simplemente observa qué sucedió ahí y qué disparó tus reacciones.

Sin juzgarte, completa el repaso del día con el mayor detalle que puedas. A medida que practiques vas a identificar muchos momentos trascendentales, los mensajes que has recibido, las lecciones que has aprendido. Activa el agradecimiento por todo lo vivido. Al practicar el ritual tu nivel de sutileza se agudiza y en el repaso vas a descubrir cosas que en el momento que las viviste te pasaron desapercibidas. Además, vas a poder sorprenderte de tu propia capacidad de hacer, resolver y redireccionar. Este ritual te prepara emocionalmente para el día siguiente, ya que ese repaso va cimentando impresiones favorables en tu mente y casi sin darte cuenta se activa tu nivel de conciencia sobre el momento presente y tu práctica espiritual.

Es una práctica maravillosa para el elevado sentimiento de gratitud y amor propio, sigue siempre tu latido mientras repasas el día para que el fuego de tu corazón esté encendido en la temperatura adecuada durante la noche.

Sembremos cosas positivas con cada una de nuestras palabras.

RITUALES BREVES PARA ENCENDER TU CORAZÓN

Tus 10 cuerpos, 10 mil universos invisibles, mundos angelicales y terrenales, conviven ahora mismo y se hacen materia en este instante. Cuando te digo que tienes el mundo en las manos, créeme. Eres el creador y el creado.

65

USA LA REGLA DE 5

Cuenta hasta 5 antes de actuar o responder, usa tus dedos para inhalar y exhalar mientras respiras y cuentas. De esta manera, das espacio para que tus emociones se calmen y tus ideas se acomoden. Sales del piloto automático de la reacción para aprovechar la oportunidad de escuchar antes de actuar, activar la perspectiva y desdramatizar cualquier situación. Antes de reaccionar recuerda: ¡5!

66

ARMA TU *PLAYLIST* DE MÚSICA

Crea tu lista según tus intereses y emociones.

El disco *Enciende tu corazón*, de canciones y meditaciones, está disponible para avivar tu fuego interno. Baila, elige tu música favorita y déjate llevar. Crea una *playlist* que resuene con tu sonido interior. Aprovecha esta oportunidad de escuchar con atención las canciones, las letras, el mensaje y activa tu ecuanimidad para oír con inteligencia lo que de verdad te están diciendo. Es un ritual para identificar si sigues escuchando ciertas cosas porque tienen un impacto en tus emociones o te recuerdan algo, si es porque solo suenan y están de moda o porque nutren a tu ser. Ábrete a cosas nuevas y prueba otros sonidos, como si probaras nuevos sabores. Pon atención a las historias que cuentan las canciones, ¿qué sientes? ¿Por qué las escuchas? No te juzgues y aprovecha esta oportunidad para sentir cómo algunas canciones apagan tu fuego y otras lo alimentan de sabiduría. Aprovecha este ritual para evolucionar.

67

VAP

Incorpora el ritual de V (verdadero) - A (aporte) - P (positivo).

V: antes de hablar pregúntate si lo que vas a decir es verdadero, si coincide con los hechos y si no estás agregando o quitando datos para que lo que dices esté a tu favor. La **A** es de aporte: cuando hables, siempre agrega algo a la conversación que valga la pena, que haga pensar a los otros, que mueva cosas buenas. Evita los rumores, aléjate de los chismes, no hables de los demás, especialmente si no aportas nada bueno. La **P** remite a lo positivo: intenta que tu lenguaje no sea peyorativo, que no tenga juicios de valor, sea destructivo para ti o para los demás. Aprovecha cada oportunidad que tengas para hacer que la verdad prevalezca, para que lo que digas transforme el mundo y siembres cosas positivas con cada una de tus palabras.

68

ARMA TU RINCÓN

En tu altar, tu espacio seguro podrás sentarte y meditar en algunos momentos del día. Sugerencias: puedes poner flores, velas, agua, fuego, figuras, fotos de tus maestros, elementos que representen algo importante, cristales, caracoles. Lo que te ayude a estar "aquí y ahora". Convoca a tu linaje, a ancestros inspiradores, a la voluntad de los ángeles y a los protectores. De esta manera te haces una ofrenda a ti mismo, celebras tu belleza y enalteces el amor propio. Tu altar es tu energía materializada en objetos de poder que puedes también cargar con tus oraciones, mantras, rezos, palabras amorosas, tu aliento y luego activar al tocarlos, soplarlos, volverlos vivos y resignificarlos. Puedes hablarles y luego llevarlos a tu corazón para despertarlos, puedes pasarles tus manos y luego soplarlos. Conecta con tus propias maneras de darle vida a estos objetos de poder. Crea tus objetos mágicos, varitas que todo lo que tocan llenan de abundancia.

69

LIMPIA TU CUERPO ENERGÉTICO

Hazlo simplemente moviendo los brazos hacia adelante como si nadaras, luego hacia atrás imaginando que toda la negatividad, dudas y miedos se dispersan con cada brazada. Aunque no lo veamos, nuestro cuerpo físico tiene también otro nivel más sutil de existencia, un campo electromagnético que debemos comenzar a comprender y cuidar. Si ese campo está limpio, nuestra salud emocional y física mejora inmediatamente. Las brazadas despejan y remueven el exceso de energía acumulada y, sobre todo, los elementos que recogemos de los demás (también invisibles), ponen en movimiento el cerebro y ayudan al equilibrio general.

Para el yoga y otras tradiciones milenarias estamos compuestos por 10 cuerpos: el cuerpo físico, 3 cuerpos mentales y 6 cuerpos energéticos. El cuerpo número 11 es la totalidad, el todo, la conexión con lo sagrado y nuestro poder personal vibrante y sin obstáculos.

El kundalini, una de las prácticas de yoga que a través de cantos, mantras, respiraciones y movimientos, busca despertar la energía de la base de la columna llamada *Shakti*, la energía femenina poderosa, lo divide así:

1) Cuerpo alma.

2) Mente negativa o protectora que advierte los peligros.

3) Mente positiva llena de entusiasmo y optimismo.

4) Mente neutral, la del servicio y la ecuanimidad.

5) Cuerpo físico, la forma humana que aloja el alma.

6) Halo, la línea que va de oreja a oreja, núcleo del aura y avenida de la intuición.

7) Aura o campo electromagnético que rodea el cuerpo.

8) Cuerpo pránico, energía sutil que vive en cada respiración.

9) Cuerpo sutil, que conecta con la energía akáshica del universo, memoria universal de la existencia, archivo de todas experiencias del alma.

10) Cuerpo radiante, que da realeza y majestuosidad al ser.

Los maestros indican que hay que pensar estos cuerpos como capas de ropa que llevamos puestas y que podemos activar, desarrollar, trabajar a nuestro favor para brillar con nuestro poder personal.

70

LEVANTA LOS BRAZOS

Respira, abre tus manos y siente que toda la luz del mundo llega a tu cuerpo, a tu ser y te pertenece. Baja las manos que recolectaron la luz y llévalas a tu corazón. Practica este ritual varias veces al día para bañarte de bienestar, salud y de todo lo bueno que te rodea. Sobre todo, en momentos difíciles, cuando parece que no hay luz al final del túnel. Convoca la luz y siempre la tendrás cerca.

71

JUEGA A QUE ERES
DE OTRO PLANETA

Acabas de caer en la Tierra y todo lo que ves y sucede es nuevo para ti. Imagina que eres un extraterrestre, que todo lo que ves y te rodea es inédito y que además no tienes palabras o rótulos para describirlo. Pasa un día jugando a que eres de otro planeta. Observa cómo la perspectiva cambia, especialmente las cosas que nos generan fobias o temor. Invita a seres que te rodean a hacerlo, te vas a sorprender de la cantidad de cosas que no advertías y que ahora puedes mirar con ojos nuevos.

72

BAJA LA VELOCIDAD

Si conduces un auto o cualquier vehículo (incluso una bici), baja la velocidad, aunque sea un poco. No es necesario desacelerar de manera drástica para sentir la diferencia de lo que pasa interior y exteriormente cuando vas más lento. Este ritual es una metáfora para la vida cotidiana; al hacerlo efectivo todo el cuerpo y las emociones reciben el mensaje. Anota en tu diario de viaje lo que te sucede, cuáles son tus pensamientos, las tendencias de tu personalidad, el diálogo interno al respecto. Conversa con tu familia y tus hijos sobre lo que les pasa al practicar la reducción de velocidad. Hazlo por lo menos una vez al día cuando usas un vehículo.

73

CREA TUS PROPIAS AFIRMACIONES

Que sean dulces, positivas, en tiempo presente. Estos son algunos ejemplos:

- Mis palabras y mi voz son creadoras de verdad y bondad. Todo lo que digo beneficia a los seres vivientes.

- Mi mente es un jardín. Siembro, nutro, planto y cosecho bienestar y paz.

- Soy parte del universo, estoy interconectado con todos y mi corazón es fuente de luz.

74

ABRE TU LIBRO FAVORITO EN CUALQUIER PÁGINA

Lee lo que te dice: es justo lo que necesitas escuchar, la respuesta a tus preguntas, la palabra justa. Este ritual es uno de mis preferidos porque es una de las formas concretas de manifestación del universo en la vida cotidiana. Puedes abrir el libro en cualquier página y elegir un párrafo, una frase, o solamente una palabra. Si no entiendes el significado de lo que lees en un primer momento, usa tu diario de viaje y anota la o las palabras. La comprensión llegará a tu corazón en el momento menos pensado. Sigue abierto a todo lo que te sucede y comparte el ritual con gente cercana o con tu familia. Por ejemplo, haz tu pregunta interiormente y pídele a tus hijos o grupo que cada uno elija una página de un libro. Arma el rompecabezas de la respuesta desde tu intuición.

75

RECONOCE LA GRANDEZA
QUE HAY EN TI

Escribe tus dones y talentos, cuéntalos, cántalos, conviértelos en poemas. Reconoce la grandeza de los otros y siempre que puedas compártela, destaca lo maravilloso que son, halágalos. Es un ritual de bendición para los demás y hacia ti mismo y a cada uno de tus talentos, posibilidades y sueños. Es un ritual de activación del poder personal que puedes hacer, todos los días, como un ejercicio de amor propio. Cada vez que exaltas tus dones estás salvando al mundo y sanando siglos y siglos de una educación que nos ha impedido reconocer las cosas buenas que tenemos. Es hora de sostener este nuevo lenguaje y compartirlo con todos los que te rodean.

76

ESCUCHA AL MENSAJERO

Al practicar todos estos rituales ya has experimentado y sentido que todo te habla, lo cotidiano se vuelve mágico, las cosas ya no son lo que parecen y el mensajero se comunica contigo todo el tiempo. Desde un lugar místico e intuitivo, ya conoces y te abres a esta comunicación superior en la que tus sentidos son puertas de contacto con mundos sutiles e información vital para que transformes tu vida e impactes en los demás. Escucha, huele, mira, siente, toca, cierra los ojos, respira, pon atención a los detalles, encuentra un tiempo para tu práctica e identifica el mensaje que te llega desde todas las cosas. A veces en un sonido, un color, un cartel en la calle, un sueño, en una sincronía del universo.

Esta práctica resignifica el valor de todo lo que te rodea y mueve el foco de la mente hacia una percepción más fina y sutil, hacia innumerables cosas que tienen un mensaje para ti.

Edgar Allan Poe

- *Historias extraordinarias*

- *Poesías completas*

Danilo Hernández

- *Claves del Yoga*

George I. Gurdjieff

- *Cuentos de Belcebú a su hijo*

- *Encuentros con hombres notables*. También la película con el mismo nombre dirigida por Peter Brooks

Mevlana Jalaluddin Rumi

- *El libro interior*

- *En brazos del amado*

- *Poesías completas*

LECTURAS RECOMENDADAS

Desmond y Mpho Tutu

- *The Book of Forgiving*

Ray Bradbury

- *Crónicas marcianas*

- *El hombre ilustrado*

- *Fahrenheit 451*

Carlos Castaneda

- *El don del águila*

- *Una realidad aparte*

- *El fuego interno*

de corazón encendido y que
compartas esta llama con
el mundo siempre que puedas.
Que tu poder personal lleve
la antorcha que invita a
la solidaridad y la simpleza.
Que siempre nos encontremos
en la oportunidad de saborear
este momento perfecto.

Que los seres invisibles
te guíen y protejan.
Que puedas sentir su presencia
en la más negra de las noches
o en la luminosidad del día.
Que las criaturas del cielo
se comuniquen contigo
en su lenguaje celestial.
Que te despierten los rituales

PASOS PARA HACER
TUS PROPIOS RITUALES

1 - Respira y observa.

2 - Escucha tu corazón latiendo, conecta con la temperatura del momento.

3 - Piensa en tu pregunta, en lo que necesitas.

4 - Identifica lo que te hace falta para crear tu ritual (ya sean objetos, mantras o respiraciones).

5 - Anótalo paso por paso.

6 - Establece un momento de inicio.

7 - Hazlo y practícalo.

8 - Registra tus experiencias.

9 - Crea nuevos rituales con las personas que te rodean.

Si estás leyendo este libro es porque estamos conectados. Es nuestro momento para encontrarnos. Es el momento de hacer sinergia, crear comunidad, salir de la queja y generar constantes ciclos de dar y recibir.

Es una sincronía universal que me estés leyendo y que yo te esté pensando; cada vez hay menos barreras, se disuelven las fronteras y es más fácil descubrirnos.

Es el tiempo de nuevos diccionarios y de transformación de pensamientos. Es el instante de la serendipia, en la que activamos la capacidad de aprovechar lo que se encuentra sin buscarlo.

¡Este momento es perfecto, es tiempo de hacer nuevos rituales! Yo te compartí el número mágico 76, el 77, es el tuyo.

Esta es la receta para que hagas tu propio ritual.

CÓMO CREAR TUS PROPIOS RITUALES

Como me has prestado este momento, te invito a que reconviertas todo en tu alfombra mágica. Cada respiración es una nueva oportunidad.

Aprovechemos
todas las respiraciones
para encender el corazón.